HISTOIRE
DE LA GUERRE
DE
mil ſept cent quarante & un.

SECONDE PARTIE.

Par M. de VOLTAIRE.

A LONDRES:
Chez JEAN NOURSE.
MDCCLVI.

TABLE
DES CHAPITRES.

HISTOIRE

HISTOIRE
DE LA GUERRE
de 1741.

CHAPITRE PREMIER.

Le Prince de Conti force les Passages des Alpes. Situation des affaires en Italie.

LOUIS XV. au milieu de tous ces efforts, déclara la guerre au Roi Georges, & bientôt après à la Reine de Hongrie, qui la lui déclarerent aussi dans les formes; ce ne fut de part & d'autre qu'une cérémonie de plus: l'Espagne & Naples ne déclarerent point la guerre; mais ils la firent.

15 Mars 1744.
26. Avril.

Dom Philippe, à la tête de vingt mille Eſpagnols, dont le Marquis de la Mina étoit le Général, & le Prince de Conti, ſuivi de vingt mille Français, inſpirerent tous deux à leurs troupes cet eſprit de confiance & de courage opiniâtre, dont on avoit beſoin pour pénétrer dans un païs, où un Bataillon peut à chaque pas arrêter une Armée entiere, où il faut à tout moment combattre entre des rochers & des torrents, & où la difficulté des Convois n'eſt pas un des moindres obſtacles. Le Prince de Conti, qui avoit ſervi en qualité de Lieutenant-Général dans la guerre malheureuſe de Baviere, avoit de l'expérience, quoique jeune, & ſçavoit à quoi expoſent tous les contre-tems qu'on eſſuye preſque toujours dans une Campagne: il ne connoiſſoit pas encore l'Italie, où la guerre ſe fait tout autrement que dans les païs unis & ouverts; mais il s'étoit préparé à cette entrepriſe par une étude continuelle, & un travail de dix heures par jour pendant l'hiver qu'il avoit paſſé à Paris. Il connoiſſoit juſqu'aux moindres rochers, & il ſçavoit tout ce qui s'étoit fait ſous le Maréchal de Catinat & ſous le Duc de Vendôme, comme s'il y avoit été préſent.

Dès

Dès le 1. d'Avril l'Infant Dom Philippe & lui passérent le Var, riviere qui tombe des Alpes & qui se jette dans la mer de Genes au-dessous de Nice. Tout le Comté de Nice se rendit: mais pour avancer, il falloit attaquer les retranchemens élevés près de Villefranche; & après eux on trouvoit ceux de la forteresse de Montalban au milieu des rochers, qui forment une longue suite de remparts presque inaccessibles: on ne pouvoit marcher que par des gorges étroites & par des abysmes, sur lesquels plongeoit l'artillerie ennemie. Il falloit sous ce feu gravir de rocher en rocher. On trouvoit encore jusques dans les Alpes des Anglois à combattre. L'Amiral Mathews, après avoir radoubé ses vaisseaux, étoit venu reprendre l'empire de la mer; il avoit débarqué lui-même à Villefranche: ses soldats étoient avec les Piémontais, & ses Canoniers servoient l'artillerie. Le Prince de Conti prit si bien ses mesures, les troupes furent tellement animées, que ces obstacles qui étoient autant de retranchemens, furent franchis. Le Marquis de Bissy à la tête des Français, & le Marquis de Campo-Santo à la tête des Espagnols, s'empa-

 rerent

rerent d'abord des batteries ennemies, qui flanquoient le pas de Villefranche. M. de Mirepoix & M. d'Argouges fe faifoient un autre paffage. On fit quatre fauffes attaques dans les endroits où l'on n'avoit pas deffein de pénétrer. M. de Biffy en fit deux fi vives à ceux qu'on vouloit emporter, tout fut fi mefuré, fi prompt & fi violent, M. d'Argouges à la tête de Languedoc & de l'Ifle de France, M. du Barail avec fon Régiment, firent de tels efforts que ce rempart du Piémont, haut de près de deux
19 Avril. 1744. cens toifes, que le Roi de Sardaigne croyoit hors d'atteinte, fut couvert de Français & d'Efpagnols.

D'un côté M. du Châtel & M. de Caftelar monterent par des fentiers étroits à une hauteur appellée le Mont-Eleüs, dont ils chafferent les Piémontais; de l'autre, le Marquis de Biffy fe battit pendant fept heures fur le haut d'un rocher, qu'on nomme Monte-Groffo. Les Efpagnols & les Français après avoir gravi au fommet de cette roche, étoient dans la néceffité de vaincre ou de mourir: ils fe traiterent alors tous de freres; ils s'entr'aiderent avec

ardeur,

ardeur, & abbattirent enſemble les retranchemens des ennemis ſur ce rocher, gardé par quatorze bataillons, qui avoient une retraite aſſûrée : on leur fit priſonniers cent trente Officiers, & dix-ſept cens hommes; on en renverſa morts deux mille. Le Marquis de Suze, frere naturel du Roi de Sardaigne, fut pris par M. de Biſſy. La cime de la Montagne, ſur laquelle le Marquis du Châtel s'étoit établi, dominoit les retranchemens des ennemis, de maniere qu'ils furent enfin obligés de s'enfuir à Oneille au nombre de trois mille hommes, & d'aller s'embarquer ſur la Flotte de l'Amiral Mathews, témoin de cette journée. Le Comte de Choiſeul porta au Roi la nouvelle de cette victoire, dans laquelle il s'étoit diſtingué: on avança de poſte en poſte, de roc en roc : on prit la Citadelle de Villefranche, & le Fort de Montalban, dans leſquels on trouva plus de cent quarante pieces de Canon & des munitions à proportion : tout cela ne conduiſoit encore qu'à partager la domination des Alpes, & à ſe battre ſur la cime des montagnes. 25. Août.

Tandis qu'on ouvroit ces paſſages à l'Infant:

fant: il étoit loin d'en avoir vers le païs qu'il prétendoit en Italie. Le Duc de Modène étoit aussi peu à portée de rentrer dans le Modénois, que l'Infant de pénétrer dans Parme & dans Milan. Les Autrichiens & les Piémontais étoient les maîtres de tout, depuis le haut des Alpes jusqu'aux frontieres de Naples. La Cour d'Espagne avoit rappellé le Duc de Montemar: le Comte de Gages, sous le Duc de Modène, recueilloit les débris de l'armée Espagnole, qui se retiroit toujours devant les Autrichiens, qui mettoient déja l'Abbruzze à contribution. Le Roi de Naples ne pouvoit plus garder une neutralité malheureuse, dont on abusoit, & qui n'auroit servi qu'à lui faire perdre sa Couronne. Il partit de Naples pour se mettre à la tête de son armée. La Reine sa femme, qui étoit grosse, s'étoit retirée à Gayette à la fin d'Avril 1744. On parloit même de la faire passer à Rome, en cas d'un événement malheureux & d'un soulevement à Naples, que les Autrichiens affectoient de lui faire craindre. Telle étoit la révolution des affaires, que la Reine de Hongrie, qui trois ans auparavant avoit été obligée de sortir de Vienne, se croyoit alors

sur

fur le point de conquérir le Royaume de Naples. Le Prince de Lobkowitz tenoit prêt un Manifeste, qu'il fit répandre ensuite dans le Royaume vers le mois de Juin ; & dans cet écrit la Reine de Hongrie parloit aux peuples des deux Siciles, comme à ses sujets ausquels elle donnoit sa protection.

L'Angleterre secondoit plus que jamais cette Reine ; elle augmentoit ses subsides : elle dépensa pour la guerre cette année 1744. deux cens soixante & seize millions, neuf cens soixante & quatre mille livres, de notre monnoie ; & cette dépense augmenta beaucoup chaque année. Elle tenoit une Flotte dans la Mediterranée, qui faisoit dépérir tout le commerce de la Provence : Elle avoit fait passer en Flandre les troupes qui avoient combattu à Ettinghen : cette armée, jointe aux Régimens Flamands & Hollandais, composoit au commencement de la campagne plus de soixante mille hommes. Le Prince Charles, avec des forces pareilles, venoit tenter encore le passage du Rhin : l'Empereur dont la neutralité étoit imaginaire, & dont les malheurs étoient trop réels, conservoit les débris de son armée sous le Canon de la ville Impériale de Philisbourg, & attendoit à Francfort que la France lui assurât l'Empire, ou que la Reine de Hongrie l'en dépouillât. CHA-

CHAPITRE II.

Premiere campagne de Louis XV. en Flandre. Ses succès. Il quitte la Flandre pour aller au secours de l'Alsace menacée, pendant que le Prince de Conti continue à s'ouvrir le passage des Alpes. Nouvelles Ligues. Le Roi de Prusse prend encore les armes.

1744. CE fut dans ces circonstances dangereuses que Louis XV. commença sa premiere campagne. Il avoit envoyé le Maréchal de Coigni garder le Rhin, avec soixante & un bataillons & cent escadrons. Les troupes Bavaroises qui consistoient en près de douze mille hommes, payés par la France, étoient sous les ordres du Comte de Seckendorff, ce même Officier sur lequel on comptoit alors. Le Maréchal de Noailles étoit le Général de l'armée de Flandre, laquelle étoit de soixante & huit bataillons & quatre-vingt dix-sept escadrons complets. Le Comte de Saxe, fait Maréchal de France, commandoit un Corps séparé, composé de trente-deux bataillons & de cinquante-huit escadrons, aussi complets; ainsi toute l'armée de Flandre se montoit à plus de quatre-vingts mille combattans. Il

Il reſtoit encore, tant ſur le Rhin, que ſur la Moſelle, ſoixante & quinze bataillons, & cent quarante-ſix eſcadrons, ſans compter l'armée d'Italie, trente mille hommes de Milice, les Garniſons, les Troupes légères, les Bavarois, les Palatins & les Heſſois. Cette ſituation, ſur-tout en Flandre, étoit bien différente de celle où l'on s'étoit trouvé, l'année précédente, à la mort du Cardinal de Fleuri. Les Anglais alors avoient pû entrer ſur les frontières avec avantage. Ils s'y préſentoient quand il n'étoit plus temps; & les Hollandais n'ayant pas voulu ſe joindre à eux pour cette entrepriſe, lorſqu'elle étoit facile, s'y joignirent enfin quand elle fut devenue impraticable.

Le Roi aima mieux faire la campagne en Flandre qu'en Alſace, comptant que vers le Rhin il ne feroit qu'une guerre défenſive, au lieu que tout étoit diſpoſé pour la faire offenſive dans les Païs-bas Autrichiens.

Comme on n'avoit point ſçû qu'il avoit été près d'aller en perſonne à la tête de ſes armées l'année précédente, on ignora long-temps qu'il dût partir pour la Flandre, tant il il mettoit de ſecret juſques dans des choſes que d'ordinaire on annonce avec quelque faſte : il eſt naturel à un peuple, gouverné depuis huit cens ans par la même Maiſon, d'aimer ſon Roi ; il n'avoit qu'un Dauphin, qui n'étoit point encore marié ; toutes ces circonſtances raſſemblées exciterent dans Paris des mouvemens de zèle & d'attendriſſement, peu communs, mêlés de joye & de crainte.

Il fit auprès de Lille la revûe de toute ſon armée, & établit, par des réglemens, une diſcipline difficile à maintenir, & dont on avoit beſoin. Ses Aides-de-Camp étoient MM. de Meuze, de Richelieu, de Luxembourg, de Boufflers, d'Aumont, d'Ayen, de Soubiſe, de Pequigny. Les ennemis étoient commandés par le Général Wade (qu'on prononce Wede) ancien Officier, formé comme Milord Stairs par le Duc de Malboroug, & qui connoiſſoit parfaitement la Flandre, où il avoit fait la guerre longtemps : on attendoit beaucoup de ſon expérience & de ſon habileté. Le Duc d'Aremberg, de la maiſon de Ligne, Gouverneur de Mons & Grond-Baillif du Hainault, étoit le Général des troupes de la Reine de

Hon-

Hongrie : il avoit passé une grande partie de sa vie à la Cour de France, & y avoit été un homme des plus recherchés ; son goût le portoit à vivre avec des Français, & son devoir à les combattre. C'étoit un éleve du Prince Eugène ; il avoit fait la guerre contre les Turcs & les Français, & n'avoit pas peu contribué au succès de la journée de Belgrade & de celle d'Ettinghen, ayant été blessé à l'une & à l'autre, à la tête des troupes.

Le Comte Maurice de Nassaw qui commandoit les Hollandais, étoit un descendant du célèbre Maurice de Nassaw, l'un des trois freres à qui les Provinces-Unies durent leur liberté & leur grandeur ; mais ce Prince étant mort, avant que d'avoir accompli la promesse de mariage qu'il avoit faite à sa maîtresse, Madame de Mechelin, sa postérité n'a pû jouir des honneurs attachés à sa Maison.

Ces trois Généraux pouvoient s'opposer aux desseins du Roi ; mais ils étoient peu unis : les Hollandais temporisoient & négocioient : ils étoient pressés par les Anglais

de

de ſatisfaire aux Traités qui les uniſſent depuis 1678, & qui les obligent réciproquement de déclarer la guerre dans le terme de deux mois à quiconque l'aura déclarée à l'une des deux Nations; mais ils ſe flatterent de garder les apparences de la modération, juſques dans la guerre même: ils armoient contre le Roi, & ils craignoient de l'aigrir. Ils lui députerent le Comte de Waſſenaar, homme agréable à la Cour de France, où il avoit été envoyé autrefois, & dans laquelle ſon caractère mêlé de vérité & de complaiſance, & ſes talens aimables lui avoient procuré beaucoup d'amis. Ce Député tint au Roi de France le langage le plus reſpectueux & le plus inſinuant, lui demandant la paix pour l'Europe, & ſa protection pour lui.

Le Roi lui répondit: *Le choix que les Etats Généraux ont fait de vous, Monſieur, ne pouvoit que m'être très-agréable par la connoiſſance que j'ai de vos qualités perſonnelles. Toutes mes démarches envers votre République, depuis mon avénement à la Couronne, ont dû lui prouver combien je déſirois d'entretenir avec elle une ſincère amitié & une parfaite correſpondance.*

J'ai

J'ai fait connoître assez long-tems mon inclination pour la paix: mais plus j'ai différé de déclarer la guerre, moins j'en suspendrai les effets: mes Ministres me feront le rapport de la Commission dont vous êtes chargé; & après l'avoir communiquée à mes Alliés, je ferai sçavoir à vos Maîtres quelles seront mes dernieres resolutions.

Le 18. Mai, le Roi s'empara de Courtrai, petite ville, où il y avoit Garnison Autrichienne. Le lendemain le Député de Hollande vit investir Menin, place de barriere, gardée par des troupes de sa République au nombre de quinze cens hommes.

Il s'en falloit beaucoup que Menin fut une bicoque, comme l'ont appellé quelques journaux: c'étoit un des chef-d'œuvres de l'art du célébre Maréchal de Vauban. Il construisit cette place à regret, prévoyant qu'un jour il la faudroit rendre à des étrangers, qui jouïroient du fruit des travaux de la France.

Le Roi reconnut plusieurs fois la place. Il s'approchoit de la pallissade, à la portée

du

du piſtolet, avec le Maréchal de Noailles, le Comte d'Argenſon & toute ſa Cour; il fit ouvrir la tranchée le 29. Mai. Il encouragea les Travailleurs par ſes libéralités, faiſant donner cent cinquante Louis à ceux qui travailloient à l'attaque du côté de la porte d'Ypres, & cent à ceux qui étoient du côté de la porte de Lille. A l'attaque commandée par le Prince de Clermont, on emporta rapidement tous les ouvrages; on ſaigna les inondations que les Aſſiégés avoient faites. Le Chemin couvert fut pris le 4. Juin; le 5. la Ville capitula, & fut la premiere que le Roi prit en perſonne: l'Officer qui y commandoit en ſortit avec les honneurs de la guerre.

Le Roi jugea convenable de démolir les ſortifications de cette place, qui avoient autrefois tant coûté. C'étoit montrer de la modération aux Etats Généraux, en leur faiſant voir qu'on ne vouloit pas ſe ſervir contre eux de cette place; & c'étoit en même-temps ſe venger d'eux, & les préparer à ménager toujours la France en faiſant détruire une de leurs Barrieres.

Le

Le lendemain même le Roi fit investir Ypres, & pendant qu'on en préparoit le siége, il assista dans Lille à un *Te Deum*, tel qu'on n'en avoit point encore vû de pareil sur la frontiere. Trois Princesses du Sang dont les Maris, les Freres, les Enfans ou les Gendres combattoient, en des lieux différens pour le Roi, faisoient l'ornement singulier de cette cérémonie. La Duchesse de Modène avoit accompagné en Flandre son neveu le Duc de Chartres, & le Duc de Penthievre qui alloit devenir son Gendre, pendant que le Duc de Modène son Epoux étoit à la tête des Espagnols en Italie. La Duchesse de Chartres avoit suivi son Mari ; & la Princesse de Conti, dont le Fils étoit alors sur les Alpes, & dont la Fille avoit épousé le Duc de Chartres, étoit venue avec ces deux Princesses.

6. Juin. 1744.

15. Juin.

C'étoit le Prince de Clermont, Abbé de St-Germain-des-Prez, qui commandoit les principles attaques au siége d'Ypres. On n'avoit point vû depuis les Cardinaux de la Valette & de Sourdis, d'homme qui réunit la profession des armes à celle de l'Eglise. Le Prince de Clermont avoit eu cette permission

miſſion du Pape Clément XII. qui avoit jugé que l'Etat Eccléſiaſtique devoit être ſubordonné à celui de la guerre dans l'arriere petit-fils du Grand Condé. On inſulta le chemin-couvert du front de la baſſe ville, quoique cette entrepriſe parût prématurée & haſardée : le Marquis de Beauveau, Maréchal de Camp, qui marchoit à la tête des Grenadiers de Bourbonnois & de Royal-Comtois, y reçut une bleſſure mortelle qui lui cauſa les douleurs les plus vives : il mourut dans des tourmens intolérables, regretté des Officiers & des Soldats, comme capable de commander un jour des Armées, & de tout Paris, comme un homme de probité & d'eſprit. C'étoit un Antiquaire des plus curieux de l'Europe : il avoit formé un Cabinet de Médailles rares, & étoit alors le ſeul homme de ſon état qui cultivoit ce genre de Littérature.

Le Roi fit donner des gratifications à tous les Officiers de Grenadiers qui avoient attaqué le chemin-couvert, & s'en étoient rendus maîtres. Ypres capitula bientôt. Nul
25. Juin.
moment n'étoit perdu : tandis qu'on entroit dans Ypres, le Duc de Boufflers prenoit

noit la Knoke; & pendant que le Roi alloit, après ces expéditions, visiter les places frontieres, le Prince de Clermont faisoit le siége de Furnes, qui arbora le Drapeau blanc au bout de cinq jours de tranchée ouverte. 29. Juin. 11. Juillet.

L'Armée des Alliés regardoit ces progrès, & ne pouvoit s'y opposer. Le corps que commandoit le Maréchal de Saxe étoit si bien posté & couvroit les siéges si à propos que les succès étoient assurés. Les Alliés n'avoient point de plan de campagne fixe & arrêté. Les opérations de l'armée du Roi étoient concertées. Le Maréchal de Saxe posté à Courtrai, arrêtoit tous les efforts des ennemis & facilitoit toutes les opérations de la France. Une Artillerie nombreuse qu'on tiroit aisément de Douay, un Régiment d'Artillerie de près de cinq mille hommes, plein d'Officiers, capables de conduire des siéges, & composé de Soldats, pour la plûpart Artistes très-habiles, enfin un corps considérable d'Ingénieurs; étoient des avantages que ne pouvoient avoir des Nations réunies à la hâte pour faire ensemble la guerre quelques années : de pareils établissemens ne peuvent être que le fruit du temps & d'une attention ſuivie dans une Monarchie puiſſante. La guerre de ſiége devoit donner néceſſairement la ſupériorité à la France.

Au milieu de ces progrès, la nouvelle vint que les ennemis avoient paſſé le Rhin, du côté de Spire, à la vûe des François & des Bavarois ; que l'Alſace étoit entamée, & que les frontieres de la Lorraine étoient expoſées. On ne pouvoit d'abord le croire ; mais rien n'étoit plus certain. Le Prince Charles, en donnant de la jalouſie en pluſieurs endroits, & faiſant à la fois plus d'une tentative, avoit enfin réuſſi du côté où étoit poſté le Comte de Seckendorff, qui commandoit les Bavarois, les Palatins & les Heſſois.

29. & 30. Juin.

Ce paſſage, qui fit tant d'honneur au Prince Charles dans l'Europe, fut à la fois le fruit de ſon habileté, & de la négligence que la voix publique reprochoit en France au Général des troupes Bavaroiſes. Le Comte de Seckendorff étoit d'abord au-delà du Rhin ſous Philiſbourg, protégé par cette fortereſſe, & pouvant tenir en échec le le corps ennemi qui ſe préſenteroit de ce côté. Le Général Nadaſti arriva vers lui, pendant que les autres diviſions de l'armée Autrichienne bordoient le fleuve plus bas, & donnoient de l'inquiétude aux Français. Les Bavarois ſe retirerent & repaſſerent le Rhin. Le Maréchal de Coigni fut obligé de confier au Comte de Seckendorff la rive du fleuve vers Germerſheim & Rinſabeau. Le Comte en répondit; & ce fut dans cet endroit même que le Prince Charles exécuta le paſſage.

Un Colonel des troupes irrégulieres nommé Trenck, qui avoit ſuccédé à Mentzel, tué depuis quelques jours, paſſa ſecretement vers un endroit couvert de Saules & d'arbres aquatiques, ſuivi de pluſieurs batteaux chargés de Pandours, de Waradins & de Huſſars. Il arriva en ſilence à l'autre bord à la hauteur de Germerſheim : près de ſix mille hommes paſſerent, & ayant pénétré une demie-lieue, ils trouverent enfin trois Régimens Bavarois, qu'ils déſirent & mirent en fuite. Le Prince Charles fit conſtruire un ſecond pont de batteaux, ſur lequel ſes troupes paſſerent ſans oppoſition. Le Maréchal de Coigni informé de ce désastre, envoya son Fils & le Marquis de Croissi en toute diligence avec des Dragons : le Marquis du Châtelet-Lomont les suivit avec dix bataillons des meilleurs Régimens ; & le tout arriva dans le temps que les ennemis se formoient entre des marais, & qu'ils n'avoient de ressource que leur ponts, s'ils étoient battus.

Ces trois Officiers presserent le Général Seckendorff d'attaquer : ils lui représenterent l'importance du moment, l'avantage du terrain, l'ardeur des troupes. Le Comte promit d'abord de marcher aux ennemis : il changea ensuite d'avis ; en vain on insista, il répondit qu'il étoit mieux instruit qu'eux ; & qu'il falloit qu'il en écrivit à l'Empereur. Il les laissa ainsi pénétrés d'indignation & de surprise.

L'armée Autrichienne, au nombre de soixante mille hommes, entra en Alsace sans résistance. Le Prince Charles s'empara en une heure de Lauterbourg, poste peu fortifié ; mais de la plus grande importance : il fit avancer le Général Nadasti jusqu'à Weissembourg,

ſembourg, ville ouverte, dont la garniſon fut forcée de ſe rendre priſonniere de guerre: il mit un corps de dix mille hommes dans la ville, & dans les lignes qui la bordent. Le Maréchal de Coigny, dont l'armée s'étendoit le long du Rhin, vit alors que ſa communication avec la France étoit coupée; que l'Alſace, le païs Meſſin, & la Lorraine alloient être en proye aux Autrichiens & aux Hongrois; il n'y avoit d'autre reſſource que de paſſer ſur le corps à l'ennemi pour rentrer en Alſace, & couvrir le païs. Il marcha auſſi-tôt avec la plus grande partie de ſon armée à Weiſſembourg, dans
le temps que les ennemis venoient de 15. Juillet 17. 4.
s'en emparer. Il les attaqua dans la ville & dans les lignes. Les Autrichiens ſe défendirent avec courage, on ſe battit dans les places & dans les ruës; elles étoient couvertes de morts: la réſiſtance dura ſix heures entieres; les Bavarois, qui avoient ſi mal gardé le Rhin, réparerent leur négligence par leur valeur. Ils étoient ſur-tout encouragés par le Comte de Mortagne, alors Lieutenant-Général de l'Empereur, qui reçut dix coup de fuſils dans ſes habits: le Marquis de Montal menoit les François;

on reprit enfin Weiſſembourg & les lignes : mais on fut bientôt obligé par l'arrivée de toute l'armée Autrichienne, de ſe retirer vers Haguenau, qu'on fut même forcé d'abandonner. Des partis ennemis porterent l'épouvante vers la Lorraine ; le Roi Staniſlas fut obligé de partir avec ſa Cour.

A ces nouvelles, que le Roi reçut à Dunkerque, il ne balança pas ſur le parti qu'il devoit prendre : il réſolut d'interrompre le cours de ſes conquêtes en Flandre, & laiſſant le Maréchal de Saxe, avec quarante mille hommes, pour conſerver ce qu'il avoit pris, il accourut lui-même au ſecours de l'Alſace.

Après avoir fait prendre le devant au Maréchal de Noailles, il envoya le Duc d'Harcourt, avec quelques troupes, garder les gorges de Phalſbourg, & ſe prépara à marcher lui-même à la tête de vingt-ſix bataillons, & de trente-trois eſcadrons : ce parti, que prenoit Sa Majeſté, dès ſa premiere campagne, raſſûra les Provinces allarmées par le paſſage du Rhin, & ſur-tout par les malheureuſes campagnes précédentes en Alle-

Allemagne. Le zèle de la Nation fut d'autant plus excité que dans tout ce que le Roi écrivoit, comme dans ses Lettres pour faire chanter le *Te Deum*, dans ses Déclarations aux Puissances étrangères, dans ses Lettres à sa Famille, le desir de la paix & l'amour de ses peuples étoient toujours ses principaux objets. Ce stile nouveau, dans un Monarque absolu, attendrissoit la Nation, & l'animoit.

Le Roi prit sa route par Saint-Quentin, la Fère, Laon, Reims, faisant marcher ses troupes, dont il assigna le rendez-vous à Metz. Il augmenta pendant cette marche la paye & la nourriture du Soldat; & cette attention redoubla encore l'affection de ses sujets. Il arriva dans Metz le 5. Août, & le 7. on apprit un événement qui changeoit toute la face des affaires, qui forçoit le Prince Charles à sortir de l'Alsace, qui rétablissoit l'Empereur, & mettoit la Reine de Hongrie dans le plus grand danger où elle eût été encore.

Il sembloit que cette Princesse n'eût alors rien à craindre du Roi de Prusse, après la

paix de Breſlau; & ſur-tout après une Alliance défenſive, conclue la même année que la paix de Breſlau entre lui & le Roi d'Angleterre; mais il étoit viſible que la Reine de Hongrie, l'Angleterre, la Sardaigne, la Saxe & la Hollande s'étant unis contre l'Empereur par le traité de Worms, les Puiſſances du Nord, & ſurtout la Ruſſie étant vivement ſollicitées, les progrès de la Reine de Hongrie augmentant en Allemagne, tout étoit à craindre tôt ou tard pour le Roi de Pruſſe. Il avoit enfin pris le parti de rentrer dans ſes engagemens avec la France: le traité avoit été ſigné ſecrétement le 5. Avril, & depuis on fait à Francfort une Alliance étroite entre le Roi
27. Mai 1744. de France, l'Empereur, le Roi de Pruſſe, l'Electeur Palatin & le Roi de Suede en qualité de Landtgrave de Heſſe. Ainſi l'union ſecrette de Francfort étoit un contrepoids aux projets de l'union de Worms; & des deux côtés on épuiſoit toutes les reſſources de la politique & de la guerre.

Le Maréchal Shmittau vint, de la part du Roi de Pruſſe, annoncer au Roi que ſon nouvel Allié marchoit à Prague avec qua-

tre-

tre-vingt mille hommes; on en faisoit avancer vingt-deux mille en Moravie. Dans le même-temps on apprit les progrès nouveaux que l'Infant Dom Philippe & le Prince de Conti faisoient dans les Alpes: ces montagnes escaladées à Montalban & à Villefranche, & les victoires remportées entre ces précipices, n'avoient point ouvert de passage de ce côté-là; on ne pouvoit avancer, faute de subsistance, dans ces gorges & sur ces rochers, où il falloit traîner à bras les Canons, porter les fourages à dos de Mulet, & marcher en des endroits sur la pente d'une montagne, dont le pied étoit battu de la mer, & où l'on étoit exposé à l'artillerie d'une flotte Angloise. De plus, les Génois n'avoient point encore signé leur Traité: on étoit toujours en négociation, de sorte que les épines de la politique arrêtoient les progrès des armes: on se fraya de nouveaux chemins du côté de Briançon, vers la vallée de Suze; on pénétra enfin jusqu'à celle de Château-Dauphin. 19 Juillet 1744.

Le Baillif de Givri menoit, entre deux montagnes, neuf bataillons François de

 Poitou,

Poitou, de Conti, de Sales, de Provence & de Brie. Le Comte de Campo-Santo * le ſuivoit à la tête des Eſpagnols par une autre gorge. Le Baillif de Givri eſcalada en plein jour un roc, ſur lequel deux mille Piémontais s'étoient retranchés. Le brave Chevert, qui avoit monté le premier ſur les remparts de Prague, monta à ce roc auſſi des premiers; entrepriſe bien plus meurtriere que celle de Prague. On n'avoit point de Canon ; les Piémontais foudroyoient les aſſaillans avec le leur. Le Roi de Sardaigne placé lui-même derriere ces retranchemens, animoit ſes troupes. Le Baillif de Givri avoit été bleſſé dès le commencement de l'action ; & le Marquis de Villemur, inſtruit qu'un paſſage non moins important venoit d'être heureuſement forcé, envoyoit ordonner la retraite. Givri la fait battre : mais les Officiers & les Soldats, trop animés, ne l'écoutent point. Le Lieutenant-Colonel de Poitou ſaute dans les premiers retranchemens,

* Le Comte de Campo-Santo portoit ce nom & ce titre depuis la bataille de Campo-Santo, où il avoit fait des actions étonnantes ; ce nom étoit ſa récompenſe, comme on avoit donné le nom de Bitonto au Duc de Montémar après la bataille de Bitonto : il n'y a guères de plus beau titre que celui d'une bataille qu'on a gagnée.

mens, les Grenadiers s'élancent les uns ſur les autres ; & ce qui eſt à peine croyable, ils paſſent par les embrâſures mêmes du Canon ennemi, dans l'inſtant que les pièces ayant tiré réculoient par leur mouvement ordinaire. On y perdit près de deux mille hommes ; mais il n'échappa aucun Piémontais.

Le Roi de Sardaigne au déſeſpoir vouloit ſe jetter lui-même au milieu des attaquans, & on eut beaucoup de peine à le retenir. Il en coûta la vie au Baillif de Givri ; le Colonel Salis & le Marquis de la Carte y furent tués ; le Duc d'Agenois & beaucoup d'autres bleſſés : mais il en avoit coûté encore moins qu'on ne devoit l'attendre dans un tel terrain. Le Comte de Campo-Santo, qui ne put arriver à ce défilé étroit & eſcarpé où ce furieux combat s'étoit donné, écrivit au Marquis de la Mina, Général de l'armée Eſpagnole ſous Dom Philippe. *Il ſe preſentera quelques occaſions où nous ferons auſſi bien que les François ; car il n'eſt pas poſſible de faire mieux.* Je rapporte toûjours les Lettres des Généraux, lorſque j'y trouve des particularités intéreſſantes ;

 ainſi

ainſi je tranſcrirai encore ce que le Prince de Conti écrivit au Roi touchant cette journée. *C'eſt une des plus brillantes & des plus vives actions qui ſe ſoient jamais paſſées, les troupes y ont montré une valeur au-deſſus de l'humanité. La Brigade de Poitou, ayant Monſieur d'Agenois à ſa tête, s'eſt couverte de gloire.*

La bravoure & la préſence d'eſprit de Monſieur de Chevert, ont principalement décidé de l'avantage. Je vous recommande Monſieur de Solemi, & le Chevalier de Modène. La Carte a été tué; Votre Majeſté qui connoît le prix de l'amitié, ſent combien j'en ſuis touché. Qu'il ſoit permis de dire que de telles expreſſions d'un Prince à un Roi ſont des leçons de vertu pour le reſte des hommes.

Pendant qu'on prenoit Château-Dauphin, il falloit emporter ce qu'on appelloit les barricades. C'étoit un paſſage de trois toiſes entre deux montagnes, qui s'élevent juſqu'aux nues. Le Roi de Sardaigne avoit fait couler dans ce précipice la riviere de Sture, qui baigne cette vallée; trois retranchemens, & un chemin-couvert par-delà la la riviere, défendoient ce poſte. Il falloit enſuite ſe rendre maître du Château de Démont, bâti avec des frais immenſes ſur la cime d'un rocher iſolé au milieu de la vallée de Sture, après quoi les Français, maîtres des Alpes, voyoient les pleines du Piémont. Ces barricades furent emportées habilement par les Français & par les Eſpagnols, la veille de l'attaque de Château-Dauphin : on s'en empara, preſque ſans coup férir, en mettant ceux qui les défendoient entre deux feux. C'étoit cet avantage & cette action ſinguliere appellée *la journée des barricades*, qui avoit engagé le Marquis de Villemur à ordonner la retraite devant Château-Dauphin. Cet Officier général & le Comte de Lautrec ayant exécuté l'entrepriſe des barricades avec un ſuccès d'autant plus beau qu'il ne fut pas ſanglant, avoient voulu épargner le ſang devant Château-Dauphin; parce qu'après les barricades forcées, cette place devoit tomber d'elle-même; mais la valeur des troupes les emporta plus loin qu'on n'oſoit l'eſpérer : en deux jours de temps la vallée de Sture, défendue par les barricades

18 Juillet

cades & par Château-Dauphin, fut ouverte.

Tant d'obſtacles ſurmontés vers l'Italie, une puiſſante diverſion en Allemagne, les conquêtes du Roi en Flandre, ſa marche en Alſace diſſipoient toutes les allarmes, lorſqu'on en éprouva d'une autre eſpèce, qui jetta la conſternation dans toute la France.

CHA-

CHAPITRE III.

Maladie du Roi. Ce Prince est à l'extrémité. Dès qu'il est guéri, il marche en Allemagne. Il va assiéger Fribourg, tandis que l'armée Autrichienne, qui avoit pénétré en Alsace, va délivrer la Bohême, & que le Prince de Conti gagne une bataille en Italie.

LE jour qu'on chantoit dans Metz un *Te Deum*, pour la prise de Château-Dauphin, le Roi ressentit des mouvemens de fiévre, c'étoit le 8. d'Août; la maladie augmenta; elle prit le caractère d'une fiévre qu'on appelle maligne ou putride; & dès la nuit du 14. il étoit à l'extrémité: son tempérament étoit robuste, & fortifié par l'exercice, mais les meilleures constitutions sont celles qui succombent le plus souvent à ces maladies. Le danger du Roi porta la désolation de ville en ville, les peuples accouroient de tous les environs de Metz, les chemins étoient remplis d'hommes de tout état & de tout âge, qui, par leurs différens rapports, augmentoient leur commune inquiétude.

Le

Le 14. au foir la Reine reçoit un Courier du Duc de Gêvres, qui lui apprend le péril extrême du Roi : la Reine, le Dauphin & fes fœurs, tout ce qui les entouroit étoient en pleurs ; tout le Palais, tout Verfailles retentiffoit de cris de douleur. La Famille Royale part cette même nuit en pofte fans aucune préparation. L'habitude où la Reine avoit toujours été de faire des libéralités de fon argent ne lui laiffoit pas de quoi partir : on fut obligé au milieu de la nuit d'envoyer chercher mille louis chez le Receveur-Général des Finances de Paris : les Dames du Palais fuivent la Reine fans domeftiques ; plus de vingt mille habitans de Verfailles rempliffoient les efcaliers, les avenues & fuivoient de loin les Caroffes de la Reine, les uns pouffant des cris douloureux, les autres dans le filence de la confternation : le bruit s'en répandoit déja dans Paris ; on fe relève, tout le monde court en tumulte fans fçavoir où l'on va ; une partie du peuple fe rend vers les Remparts d'où il pouvoit voir de loin paffer la Famille Royale ; une autre court aux Eglifes : on ne connoît plus le temps ni du fommeil, ni de la veille, ni du repos ; Paris étoit hors

hors de lui-même : toutes les maiſons des hommes en place étoient aſſiégées d'une foule continuelle ; on s'aſſembloit dans tous les Carefours, le peuple s'écrioit : *S'il meurt, c'eſt pour avoir marché à notre ſecours.* En effet, le ſoleil qu'il avoit eu long-temps ſur la tête dans une marche, avoit contribué à ſa maladie ; & le coup de ſoleil, dont il avoit été frappé, lui brûla la cuiſſe par ſa violence. On ſe repréſentoit ce qu'il avoit fait dans ſa premiere campagne ; la déſolation publique ne venoit pas des malheurs qu'on auroit pû craindre, on étoit trop ſaiſi pour rien prévoir. L'amour ſeul agiſſoit, il alloit juſqu'à l'aliénation d'eſprit, tout le monde s'abordoit, s'interrogeoit dans les Égliſes, où le Prêtre, qui prononçoit la Priere pour la ſanté du Roi, interrompoit le chant par ſes pleurs ; & le peuple lui répondoit par des ſanglots & par des cris : les pauvres donnoient aux pauvres, en leur diſant : *Priez Dieu pour le Roi :* ils portoient aux pieds des Autels l'argent qu'ils recevoient. Il y eut dans Paris des perſonnes qui s'évanouirent en apprenant qu'il étoit en danger de mort, & d'autres qui tomberent malades. Le Corps de ville établit

établit des Couriers, qui apportoient de trois heures en trois heures des nouvelles de ſon état. Les Cours ſupérieures avoient envoyé à Metz. Chacune avoit ſes Couriers, qui alloient & venoient ſans diſcontinuer. Tous étoient, à leur retour à Paris, arrêtés ſur le chemin, & aux portes par la foule du peuple en larmes : les Médecins, qui étoient auprès du Roi, écrivoient de trois heures en trois heures l'état de la maladie pour contenter le peuple qui liſoit ces Bulletins, avec avidité & en tremblant.

La Reine arrive à St-Dizier, où elle trouve le Roi Staniſlas de Pologne ſon pere, qui étoit ſorti de la chambre du Roi dans le moment où l'on avoit déſeſpéré de ſa vie. La douleur fut alors à ſon comble ; on crut le Roi mort : la nouvelle s'en répandit dans toutes les villes voiſines, néanmoins il étoit ſagement traité par ſes Médécins, à qui de telles maladies étoient familieres, & qui joignant la raiſon à l'expérience, ſçavoient que tout ne conſiſte qu'à débarraſſer la nature : quand cette voye ne réuſſit pas, il faut abandonner ſes jours à celui qui les a comptés : tout le reſte n'étant qu'un faux art, qui en impoſe à la foibleſſe des hommes.

La

La Reine arriva le 17. lorſque le Roi commençoit à être rendu à la vie. Le Courier qui apporta la nouvelle de ſa convaleſcence fut embraſsé, & preſque étouffé par le peuple ; on baiſoit ſon cheval ; on le menoit en triomphe : toutes les ruës retentiſſoient de ces cris d'allégreſſe, *Le Roi eſt guéri*. Les inconnus s'embraſſoient ; on couroit ſe proſterner dans les Egliſes ; il n'y eut pas une ſociété d'artiſans, qui ne fît chanter un *Te Deum*. Le Roi étoit encore au lit, & très-foible, quand on lui rendit compte de ces tranſports inouis de joie, qui avoient ſuccédé à ceux de la déſolation : il fut attendri juſqu'aux larmes, & en ſe ſoulevant par un mouvement de ſenſibilité qui lui rendoit des forces, *Ah !* s'écria-t-il, *qu'il eſt doux d'être aimé ainſi, & qu'ai-je fait pour le mériter ?*

Les premiers jours de ſa guériſon furent marqués par de nouveaux ſuccès de ſes armes en Italie. Le Prince de Conti, après avoir fait tomber ces barricades des défilés de Sture qui ſembloient imprenables, & après la priſe de Château-Dauphin, étoit parvenu heureuſement juſqu'à la montagne de Démont ; il en avoit pris tous les retranchemens, & avoit enfin réduit douze cens hommes, qui défendoient cette derniere forteresse des Alpes, à se rendre à discrétion.

Ces nouvelles faisoient l'entretien du Roi, & sa consolation dans sa convalescence. Ce Monarque, sur le point de mourir, n'avoit point perdu de vûe l'intérêt de l'Etat. C'étoit alors le Maréchal de Noailles qui commandoit en chef l'armée d'Alsace, renforcée des troupes de Flandre que le Roi n'avoit pû conduire lui-même ; son dessein avant sa maladie avoit été d'arriver à temps pour livrer bataille au Prince Charles, qui avoit fait passer des partis jusqu'en Lorraine : mais la marche des troupes ayant été un peu retardeé, il étoit toujours occupé de cet événement, qu'il attendoit ; & quand il se crut en danger de mort, il dit au Comte d'Argenson, qui n'avoit pas quité le chevet de son lit pendant toute sa maladie : *Dites de ma part au Maréchal de Noailles, que pendant qu'on portoit Louis XIII. au tombeau, le Prince de Condé gagna une bataille.* Cependant le Maréchal de Noailles ne put qu'entamer

22 & 23 Août.

tamer l'arriere-garde du Prince Charles, qui ſe retiroit en bon ordre. Elle perdit environ dix-huit cens hommes. Le Chevalier d'Orléans, Grand-Prieur de France, & M. de Fremur furent dangéreuſement bleſsés dans ce petit combat, qui ne coûta pas aux Français plus de deux cens hommes.

Le Prince Charles qui avoit paſſé le Rhin, malgré l'armée de France le repaſſa preſque ſans perte vis-à-vis une armée ſupérieure. Le Roi de Pruſſe ſe plaignit amérement qu'on eût ainſi laiſſé échapper un ennemi, qui alloit venir à lui. C'étoit encore une occaſion heureuſe manquée. La maladie du Roi de France cauſa quelque retardement dans la marche de ſes troupes: un terrain marécageux & difficile par où il falloit aller au Prince Charles, les précautions qu'il avoit priſes, ſes ponts aſſûrés, tout lui facilita cette rétraite, de maniere qu'il ne perdit pas même un magaſin. Ayant donc repaſſé le Rhin avec cinquante mille hommes complets, il marche vers le Danube & l'Elbe, avec une diligence incroyable; & après avoir pénétré en France

 aux

aux portes de Strasbourg, il pensoit à délivrer la Bohême une seconde fois. Le Roi de Prusse s'étant avancé vers Prague, l'investit le 4. Septembre; & ce qui parut étrange, c'est que le Général Ogilvy, qui la défendoit avec quinze mille hommes, se rendit dix jours après prisonnier de guerre, lui & sa garnison. C'étoit le même Gouverneur qui en 1741. avoit rendu la ville en moins de tems, quand les Français l'escaladerent.

15. Septembre.

Une armée de quinze mille hommes prisonniere de guerre, la Capitale de la Bohême prise, le reste du Royaume soumis peu de jours après, la Moravie envahie en même-temps, l'armée de France rentrant enfin en Allemagne, les succès en Italie, faisoient attendre qu'enfin la grande querelle de l'Europe alloit être décidée en faveur de l'Empereur. Ce Prince se disposoit à rentrer dans Munick, dès que le Prince Charles ayant repassé par les frontieres de la Baviere, pour courir au secours de la Bohême, lui laisseroit les chemins libres. La Hesse, qui étoit entrée dans l'union de Francfort, vendoit déja trois mille hommes au Roi de France, & devoit lui en fournir jusqu'à six mille. Le Palatinat avoit toujours été dans le même parti. La Saxe, qui d'abord avoit commencé la guerre contre la Reine de Hongrie, pouvoit la renouveller; le Roi de Prusse sollicitoit fortement l'Electeur Saxon. Il lui promettoit six Cercles dans la Bohême; mais comme il en retenoit déja deux pour lui-même, celui de Konisgrats & celui de Leuttemeritz par son traité avec la France, il restoit peu de chose pour l'Empereur; c'étoit un nouveau partage des biens de la Maison d'Autriche. Il faisoit offrir une principauté dans l'Empire au premier Ministre de Saxe, le Comte de Brulh; il promettoit au Pere Quarini, Jésuite, Confesseur de la Reine de Pologne, la nomination de l'Empereur à la dignité de Cardinal; & il comptoit parmi les plaisirs de ses succès celui de voir dans le Sacré Collége un Jésuite de la main d'un Prince Protestant. Les apparences étoient favorables, quand le Prince Charles étoit encore en Alsace, & que le Roi de France, qui marchoit à lui, alloit l'attaquer avec des forces supérieures.

La maladie du Roi dérangea, comme on a vû, ce projet qui sembloit immanquable: mais le succès n'en paroissoit que retardé. L'armée du Prince Charles devoit diminuer beaucoup dans la marche précipitée qu'elle faisoit en Bohême; & à peine avoit elle quitté la Baviere que le Roi avoit ordonné le siége de Fribourg, le boulevart de l'Autriche antérieure que le Maréchal de Coigni investit le 30. Octobre.

Tous les Médécins conseilloient au Roi de ne pas s'exposer à l'air mal-sain de ce Canton après une maladie mortelle, & de retourner à Versailles. Il ne les écouta point, & voulut finir la campagne. Lorsqu'il fut à Strasbourg, où sa réception fut une des plus brillantes fêtes qu'on ait jamais données, le Marquis de Bissy arriva d'Italie avec la nouvelle d'une victoire. L'Infant Dom Philippe & le Prince de Conti assiégeoient Coni. Le Roi de Sardaigne les attaque dans leurs lignes, avec une armée supérieure: rien n'étoit mieux concerté que l'entreprise de ce Monarque. C'étoit une de ces occasions où il étoit de la politique de de donner bataille ; s'il étoit vainqueur, les François avoient peu de ressources, & la retraite étoit difficile; s'il étoit vaincu, la ville n'étoit pas moins en état de résister dans cette saison avancée où il avoit des retraites sûres : sa disposition fut une des plus sçavantes qu'on eût jamais vûes; car ayant la moitié moins de Cavalerie que les assiégeans & la moitié plus d'infanterie, devoit avoir tout l'avantage, sans que la Cavalerie dût souffrir. Cependant il fut vaincu ; les Français & les Espagnols, malgré les jalousies nationales qui renaissoient après le danger, combattirent avec l'intelligence d'alliés qui se secourent, & avec l'émulation des rivaux qui veulent chacun donner l'exemple. Le Roi de Sardaigne perdit près de cinq mille hommes & le champ de bataille ; les Espagnols ne perdirent que neuf cens hommes, & les Français en eurent douze cens tués ou blessés. Du nombre de ces derniers furent le Marquis de Senneterre, le Marquis de la Force qui en mourut, le Chevalier de Chauvelin & le Chevalier de Chabannes ; le Prince de Conti, qui étoit Général & Soldat, eut sa

5. Sept, 1744.

cuiraſſe percée de deux coups, & deux chevaux tués ſous lui : il n'en parla point dans ſa Lettre au Roi ; mais il s'étendoit ſur les bleſſures de MM. de Senneterre, de la Force, de Chauvelin, ſur les ſervices ſignalés de M. de Courten ; ſur ceux de MM. du Chayla, de Choiſeul, de Beaupreau, ſur tous ceux qui l'avoient ſecondé, & demandoit pour eux des récompenſes. Parmi le nombre prodigieux d'Officiers, qui méritoient les éloges du Prince de Conti, il diſtingua dans ſes Lettres MM. de Montmorenci, d'Agenois, de Stainville, le Marquis de Maillebois, Major-Général des Logis, M. de Chauvelin, Major-Général de l'Armée. Cette Hiſtoire ne feroit qu'une liſte continuelle, ſi on pouvoit citer toutes les belles actions, qui devenues ſimples & ordinaires, ſe perdent continuellement dans la foule.

Cette nouvelle victoire fut encore du nombre des celles qui cauſent des pertes, ſans produire d'avantages réels aux vainqueurs : bientôt après la rigueur de la ſaiſon, l'abondance des neiges, le débordement de la Sture, & des torrents, furent plus utiles au Roi de Sardaigne, que la victoire de Coni ne le fut à l'Infant Dom Philippe & au Prince de Conti. Ils furent obligés de lever le siége, & de repasser les Monts avec une armée affoiblie. C'est presque toujours le sort de ceux qui combattent vers les Alpes, & qui n'ont pas pour eux le maître du Piémont, de perdre leurs armées, même par des victoires.

CHAPITRE IV.

Suite du Siège de Fribourg. Etat des affaires en Allemagne & en Italie.

LE Roi, dans cette saison pluvieuse, étoit devant Fribourg. Ce siége étoit de tous ceux qu'il avoit faits, le plus pénible & le plus dangéreux. On fut obligé de détourner la riviere du Treissau, & de lui ouvrir un Canal de deux mille six cens toises; mais à peine ce travail fut-il achevé qu'une digue se rompit, & on recommença. On travailloit sous le feu du Château de Fribourg, & il falloit saigner à la fois deux bras de la riviere. Les Ponts qu'on avoit construits sur le Canal nouveau furent dérangés par les eaux. On les rétablit dans une nuit, & le lendemain on marcha au chemin-couvert, sur un terrain miné & vis-à-vis d'une artillerie & d'une mousqueterie continuelle. Cinq cens Grenadiers furent couchés par terre, tués ou blessés; & deux Compagnies entieres périrent par l'effet des mines. Le Marquis de Brun, Lieutenant-Général, commandoit cette attaque, avec M. le Duc de Randan &

& M. de Courtomer, Maréchaux de Camp, & M. de Berville, Brigadier. Le Duc d'Ayen y étoit en qualité d'Ayde-de-Camp du Roi; le Comte de Lowendal, qui voulut y aſſiſter comme volontaire, y fut bleſſé à la tête d'un coup de fuſil. Cet Etranger né en Dannemarck, avoit ſervi l'Empire de Ruſſie. C'étoit lui qui avoit pris Ozakou ſur les Turcs. Il parloit preſque toutes les langues de l'Europe, connoiſſoit bien toutes les Cours, leur génie, celui des peuples, leurs manieres de combattre: il avoit enfin préféré la France, où ſa réputation le fit recevoir en qualité de Lieutenant-Général.

On ne ſe rebuta point, on emporta la plus grande partie du chemin-couvert, & le lendemain on acheva d'en chaſſer les ennemis malgré les Bombes, les Pierriers & les Grenades, dont ils faiſoient un uſage continuel: il y avoit ſeize Ingénieurs à ces deux attaques, & tous les ſeize furent bleſſés; une pierre atteignit le Prince de Soubiſe, & lui caſſa le bras; dès que le Roi le ſçut, il alla le voir, y retourna pluſieurs fois, & voyoit mettre l'appareil à ſes bleſsures. Cette sensibilité encourageoit toutes ses troupes. Il n'y avoit personne qui n'oubliât les extrêmes fatigues du siége, & qui n'exposât volontiers sa vie. Ses Soldats redoubloient d'ardeur en suivant le Duc de Chartres, premier Prince du Sang, à la tranchée & aux attaques. Le Général Damnitz, Gouverneur de Fribourg, n'arbora le Drapeau blanc que le 6. Novembre après un siége de deux mois; le Comte d'Argenson fit dresser les Articles de la Capitulation, qui faciliterent bientôt la prise des Châteaux de Fribourg. Il fit valoir, comme une grace du Roi au Général Damnitz, la permission de se retirer avec sa garnison, ses malades & ses blessés dans les Châteaux. Le Commandant de Fribourg ne s'apperçut qu'après la signature que cette permission lui étoit funeste, que les Châteaux ne pouvant contenir ce nombre d'hommes, ils y seroient entassés & exposés; que ses malades périroient: il demanda qu'on voulût bien ne lui pas faire une grace si dangereuse; mais alors la permission devint une nécessité: on accorda une suspension d'armes de vingt jours. Ce tems expiré, on ne mit que sept jours au siége des

des Châteaux. Le Roi uſa de la même politique à Fribourg qu'à Menin. Il fit démolir toutes les Fortifications d'une Ville, qu'il ne vouloit ni garder pour lui, ni laiſſer au haſard d'être repriſe un jour par les Autrichiens, & devenir dangereuſe. C'étoit une de ces places que Louis XIV. avoit fortifiées après les avoir priſes, & qu'il avoit rendues enſuite. Il eſt vrai que Fribourg & l'Autriche antérieure, ſelon le plan tant de fois dérangé, devoient appertenir à l'Empereur Bavarois ; mais on prévoyoit que ces païs ne lui reſteroient pas: le Roi étoit à la vérité maître de tout le Briſgaw. Le Prince de Clermont de ſon côté s'étoit avancé juſqu'à Conſtance. L'Empereur ſe voyoit enfin dans Munick. Les affaires prenoient en Italie un tour favorable, quoiqu'avec lenteur. Le Prince de Conti faiſoit démolir Démont, après l'avoir forcé. Le Roi de Naples pourſuivoit le Prince de Lobkowitz ſur le territoire de Rome. On devoit tout attendre en Bohême de la diverſion du Roi de Pruſſe : mais par un de ces revers ſi fréquens dans cette guerre, le Prince Charles chaſſoit alors les Pruſſiens de la Bohême, comme il en avoit ſait retirer les Français en 1742. & en 1743. & les Pruſſiens faiſoient les mêmes fautes & les mêmes retraites qu'ils avoient reprochées aux armées Françaiſes : ils abandonnoient ſucceſſivement tous les poſtes qui conduiſoient à Prague, & enfin ils furent obligés d'abandonner Prague même.

19 Novembre, 1744.

Le Prince Charles, qui avoit paſſé le Rhin à la vûe de l'armée de France, paſſa l'Elbe, la même année, à la vûe du Roi de Pruſſe. Il le ſuivit juſques en Siléſie. Ses Partis allerent aux Portes de Breſlau. On doutoit enfin ſi la Reine, qui paroiſſoit perdue au mois de Juin, ne reprendroit pas juſqu'à la Siléſie au mois de Décembre de la même année ; & on craignoit que l'Empereur qui venoit de rentrer dans ſa Capitale déſolée, ne fût obligé d'en ſortir encore.

CHA-

CHAPITRE V.

Le Roi de Pologne, Electeur de Saxe, se déclare pour Marie-Thérese, à qui il avoit fait d'abord la guerre. Les affaires sont plus brouillées que jamais en Allemagne & en Italie. Le Roi de Naples surpris dans Vélétri, près de Rome.

UN nouveau changement dans les affaires donnoit toutes ces espérances à l'Autriche : ce ne fut pas une des moindres révolutions de cette guerre, que le parti que prenoit alors le Roi de Pologne, Electeur de Saxe. Ce même Prince, qui dans le commencement s'étoit joint au Roi de Prusse contre la Reine de Hongrie, s'unissoit alors contre lui avec cette Reine, & lui fournissoit déja environ vingt mille hommes, non qu'il déclarât la guerre au Roi Frédéric, mais il assistoit la Reine Marie-Thérese, comme les Etats-Généraux se joignoient à elle contre la France, sans déclaration de guerre : il ne paroissoit pas que l'Electeur de Saxe eût beaucoup d'intérêt à rendre la Reine de Hongrie & la nouvelle Maison d'Autriche-Lorraine plus puissantes,

& il ſembloit étrange qu'il eût mieux aimé l'aggrandir que de s'élever à ſes dépens : mais des mécontentemens particuliers qu'il avoit du Roi Frédéric, les négociations puiſſantes de l'Angleterre, la crainte de la grandeur nouvelle de la Pruſſe, l'eſpérance de l'abaiſſer encore, faiſoit changer les maximes de la Cour de Dreſde.

A peine le Roi de Pruſſe avoit-il fait ſon Traité en Avril 1744. avec la France & l'Empereur, que le Roi de Pologne fit le ſien ſecrettement avec la Reine de Hongrie au mois de Mai. Il lui promit juſqu'à trente mille hommes, & la Reine lui céda une partie de la Siléſie qu'elle eſpéroit reprendre, & ſur laquelle il faiſoit valoir quelques anciens droits, comme tous les Princes d'Allemagne en ont ſur le territoire de leurs voiſins. L'Angleterre lui fourniſſoit cent cinquante mille livres ſterlings par an, tant qu'il ſeroit armé pour le Reine de Hongrie. Si on s'étonnoit qu'un Roi de Pologne, Electeur de Saxe, fut obligé de recevoir cet argent, on étoit encore plus ſurpris que l'Angleterre fût en état de le donner, lorſqu'il lui en coûtoit cinq cens mille piéces

cette

cette année pour cette Reine, deux cens mille pour le Roi de Sardaigne, & qu'elle donnoit encore des subsides à l'Electeur de Cologne, qui recevoit vingt-deux mille piéces de la Cour de Londres, pour permettre que les ennemis de l'Empereur son frere, levassent contre lui des Troupes dans les Etats de Cologne, de Munster, & d'Osnabruck. C'étoit-là le comble du malheur, où les mauvais succès de l'Empereur l'avoient réduit. Tout avoit tremblé vers le Rhin au passage du Prince Charles, & l'or des Anglais avoit fait le reste. Dans cette nouvelle conjoncture les Autrichiens menaçoient la Silésie, aidée de leurs nouveaux Alliés les Saxons. Ils menaçoient encore plus la Flandre Française avec les secours de l'Angleterre & de la Hollande.

Leur Armée en Flandre étoit plus forte de vingt mille hommes que celle que le Roi avoit laissée au Maréchal de Saxe. Ce Général mit en œuvre ces ressources de la guerre, auxquelles ni la fortune, ni même la valeur du Soldat, ne peuvent avoir part. Camper & décamper à propos, couvrir son Païs, faire subsister son Armée aux dépens des Ennemis, aller ſur leur terrain lorſqu'ils s'avancent vers le Païs qu'on défend, & les forcer de revenir ſur leurs pas ; rendre par l'habileté la force inutile, c'eſt ce qui eſt regardé comme un des chef-d'œuvres de l'Art Militaire, & c'eſt ce que fit le Maréchal de Saxe depuis le commencement d'Août juſqu'au mois de Novembre.

La querelle de la ſucceſſion Autrichienne devenoit tous les jours plus vive. La deſtinée de l'Empereur plus incertaine, les intérêts plus compliqués, les ſuccès toujours balancés.

La France avoit pour elle dans l'Allemagne, l'Empereur, le Roi de Pruſſe, la Heſſe, le Palatinat par le Traité de Francfort ; mais alors les Pruſſiens étoient occupés eux-mêmes à ſe défendre. La Heſſe étoit toujours prête à vendre des Soldats à l'Angleterre, comme à la France. Le Palatinat étoit un Païs qu'on protégeoit plutôt qu'on n'en étoit ſecouru, & dont les Ennemis avoient pillé beaucoup de territoires. Ainſi l'Autriche étoit encore la Puiſſance prédominante en Allemagne, ſurtout

tout ayant les ſecours de la Saxe, celui des Hollandais, avec l'or & les Troupes d'Angleterre, le reſte de l'Empire toujours neutre, mais dont une grande partie étoit affectionné à la Maiſon d'Autriche, ſe plaignoït dans tous ſes Mémoires de cette Guerre cïvile qui déſoloit la Patrie.

Il eſt vrai que les déſaſtres qui ſuivent la Guerre, avoient fait beaucoup de malheureux : mais il n'en eſt pas moins vrai que cette Guerre enrichiſſoit l'Allemagne en ſecret, quand elle la dévaſtoit en apparence. L'argent de la France & de l'Angleterre répandu avec profuſion, demeuroit entre les mains des Allemands. Francfort ſurtout, ſi long-temps le ſéjour de la Cour Impériale, de tant de Miniſtres, de Princes, & de Généraux, avoit fait des gains immenſes. Dreſde qui avoit long-temps fourni tour à tour les ſubſiſtances des Armées de France & d'Autriche s'y étoit enrichi, & au fond le réſultât de cette Guerre étoit de rendre l'Allemagne plus opulente, & par conſéquent plus puiſſante tôt ou tard qu'elle ne l'avoit jamais été. Il n'en étoit pas ainſi de l'Italie, qui d'ailleurs ne peut faire long-

temps

temps un corps formidable comme l'Allemagne. La France n'avoit envoyé dans les Alpes que 42 Bataillons & 33 Escadrons, qui, attendu l'incomplet ordinaire des Troupes, ne composoient pas un corps de plus de vingt-six mille hommes. L'Armée de l'Infant étoit à peu près de cette force au commencement de la Campagne; & toutes deux, loin d'enrichir un Païs étranger, tiroient toutes leurs subsistances des Provinces de France. A l'égard des Terres du Pape, sur lesquelles le Prince de Lobkowitz étoit pour lors avec trente mille hommes, elles étoient plutôt dévastées qu'enrichies. Cette partie de l'Italie devenoit une scene sanglante dans ce vaste théâtre de la Guerre, qui se faisoit du Danube au Tibre.

Les Armées de la Reine de Hongrie avoient été sur le point de conquérir le Royaume de Naples vers les mois de Mars, d'Avril, & de Mai 1744. & sans la prudence du Comte de Gages, c'en étoit fait. Son Armée Espagnole affoiblie ne pouvoit avoir de recrues d'Espagne; il incorpora des Napolitains dans ses vieux Régimens, & ces nouveaux Soldats s'aguerrirent:

guerrirent : enfin, en temporisant, il força le Prince de Lobkowitz, qui à son tour voyoit diminuer son Armée, à se retirer de l'Abbruzze vers Rome.

Rome voyoit depuis le mois de Juillet les Armées Napolitaines & Autrichiennes combattre sur son Territoire. Le Roi de Naples, & le Duc de Modène, étoient dans Vélétry, autrefois Capitale des Volsques, & aujourd'hui la demeure des Doyens du Sacré Collége. Le Roi des Deux-Siciles y occupoit le Palais Ginetti, qui passe pour un ouvrage de magnificence & de goût. Le Prince de Lobkowitz fit sur Vélétry la même entreprise que le Prince Eugene avoit faite sur Crémone en 1702. car l'Histoire n'est qu'une suite des événemens renouvellés, & variés : six mille Autrichiens étoient entrés dans Vélétry au milieu de la nuit ; la Grande Garde étoit égorgée, on tuoit ce qui se défendoit, on faisoit prisonnier ce qui ne se défendoit pas, l'allarme & la consternation étoient par-tout. Le Roi de Naples & le Duc de Modène alloient être pris. Le Marquis de l'Hôpital, Ambassadeur de France à Naples, qui avoit accom-

La nuit du 10 au 11 d'Aût 1744.

accompagné le Roi, s'éveille au bruit, court au Roi, & le sauve; à peine le Marquis de l'Hôpital étoit-il sorti de sa maison qu'elle est remplie d'Ennemis, pillée, & saccagée. Le Roi suivi du Duc de Modéne & de l'Ambassadeur, va se mettre à la tête de ses Troupes hors de la Ville; les Autrichiens se répandent dans les maisons, le Général Nonaty entre dans celle du Duc de Modéne, il y trouve le Ministre de ce Prince, M. Sabatini, qui avoit été autrefois dans le même Régiment que lui. *N'est-il pas vrai*, lui dit ce Ministre, *que vous me donnez la vie, & que vous vous contenterez de me faire prisonnier.* Pendant qu'ils renouvellerent leur ancienne connoissance, il arriva la même chose qu'à Crémone: les Gardes Walonnes, un Régiment Irlandois, des Suisses, repoussoient les Autrichiens, jonchoient les rues des morts, & reprenoient la Ville. M. Sabatini, qui voyoit ce changement par sa fenêtre, dit au Général Autrichien; *C'est moi à présent qui vous donne la vie, & c'est vous qui êtes mon prisonnier.* Peu de jours après le Prince de Lobkowitz est obligé de se retirer vers Rome; le Roi de Naples le poursuit. Le premier étoit vers une porte

de

de la ville, & le second vers l'autre; ils passent tous deux le Tibre à la vûe du peuple, qui du haut des remparts avoit le spectacle des deux armées. Le Roi, sous le nom du Comte de Pouzolles, fut reçu dans Rome: ses Gardes avoient l'épée à la main dans les rues, tandis que leur maître baisoit les pieds du Pape; & les deux armées continuerent la guerre sur le territoire de Rome, qui remercioit le ciel de ne voir le ravage que dans ses campagnes.

On voit, au reste, que d'abord l'Italie étoit le grand point de vûe de la Cour d'Espagne; que l'Allemagne étoit l'objet le plus délicat de la conduite de la Cour de France, & que des deux côtés le succès étoit encore incertain.

CHAPITRE VI.

L'Empereur Charles VII. meurt : la Guérre n'en est que plus vive.

LE Roi, immédiatement après la prise de Fribourg, retourna à Paris ; il fut reçu comme le vengeur de la Patrie, & comme une pere qu'on avoit craint de perdre. Il resta trois jours dans sa Capitale pour se faire voir aux habitans, qui ne vouloient pour prix de leur zèle que le bonheur de le voir, & auquel il devoit cette reconnoissance. Il dîna à l'Hôtel-de-Ville, dont la place étoit ornée de ces décorations magnifiques qui font souhaiter des monumens plus durables. Il fut servi à table selon l'usage par le Prévôt des Marchands, le Dauphin par le premier Echevin.

On remarqua que les Inscriptions de l'Hôtel-de-Ville, des Arcs de triomphe, & des Illuminations figurées, qui ornoient la Ville, étoient en Latin : quoiqu'en effet ces interprêtes de la joie du peuple, dûssent être à sa portée. On se picque en Allemagne, en Angleterre & dans tout le nord de de faire les Inſcriptions & les Deviſes en Français ; & par-là on nous avertit que nous devrions faire à notre Langue, l'honneur que lui font les étrangers.

Le Roi, au retour de ſa campagne, n'avoit point de Miniſtre des Affaires Etrangeres : il avoit été lui-même ſon Miniſtre à l'armée : il choiſit ſucceſſivement, pour remplir cette place, deux hommes, qui n'y penſoient pas. Le premier fut M. de Villeneuve, qui dans ſon Ambaſſade à la Porte Ottomane avoit moyenné la paix entre le Turc & le dernier Empereur de la Maiſon d'Autriche : c'étoit un vieillard infirme, qui joignoit à la ſageſſe de ſa vie paſſée, celle de ſentir ſon état préſent ; & qui n'ayant pas l'ambition de ſe tromper ſoi-même & de ſe croire ſupérieur à ſa vieilleſſe, refuſa le Miniſtère. Le ſecond fut le Marquis d'Argenſon, Frere-aîné du Miniſtre de la Guerre : le Roi ſurprit les deux Freres par cette grace.

La réputation de probité fut la ſeule ſollicitation que le Roi écouta pour donner une place, qui ſelon les maximes de la politique

litique ordinaire, ſemble exiger, dans plus d'une Cour de l'Europe, moins de vertu que de fineſſe. Ces deux Miniſtres étoient d'une des plus anciennes Maiſons de Touraine, dans laquelle les Dignités de la Robe étoient jointes, depuis quelques années, aux anciens honneurs de la Guerre : leur Pere, Garde des Sceaux & Miniſtre des Finances, fut un génie auſſi capable de commander des Armées, que de policer un Etat. Homme d'un eſprit perçant, d'une ame intrépide & d'un travail infatigable. Tranchant le nœud des affaires, ennemi des petites formalités dont les petits-eſprits ſont idolâtres : au-deſſus de la cabale, de la crainte & de l'intérêt. Il avoit dans un temps, où le Gouvernement manquoit d'argent, renvoyé au Tréſor Royal cent mille écus, qui étoient un des droits de ſa charge de Miniſtre des Finances : & quand il en uſa ainſi, il n'étoit pas riche ; & il avoit une famille nombreuſe. Cette action que le Roi ſçavoit, ne ſervit pas peu à l'élévation de ſes Enfans.

Une des premieres affaires du Miniſtre d'Etat fut une avanture dans laquelle on crut que le Droit des Gens, les Prérogatives

tives des Ambassadeurs, les Constitutions de l'Empire étoient plus violées, que le Droit de la Guerre n'étoit exercé.

Le Roi toujours constant à maintenir l'Empereur, avoit envoyé à Munick, à Cassel & en Silésie, le Maréchal de Belle-Isle chargé de ses pleins-pouvoirs & de ceux de l'Empereur: il venoit de Munick, résidence Impériale, avec le Chevalier son Frere, ils avoient été à Cassel, & suivoient leur route, sans défiance, dans des païs où le Roi de Prusse a par-tout des Bureaux de Poste, qui, par leur convention établie entre les Princes d'Allemagne, sont toujours regardés comme neutres & inviolables. Le Maréchal, & son Frere, en prenant des chevaux à un de ces Bureaux, dans un Bourg appellé Elbingrode, appartenant à l'Electeur d'Hanovre, furent arrêtés par le Baillif Hanovérien, & maltraités ; & bientôt après, ils furent transférés en Angletterre. Le Duc de Belle-Isle étoit Prince de l'Empire, & par cette qualité cet arrêt pouvoit être regardé comme une violation des Priviléges du Collége des Princes. En d'autres temps un Empereur auroit puni de tels attentats; mais

mais Charles VII. regnoit dans un temps où l'on pouvoit tout oser contre lui, & où il ne pouvoit que se plaindre.

Le Ministre de France réclama à la fois tous les Privileges des Ambassadeurs, & les Droits de la Guerre. Si le Maréchal de Belle-Isle étoit regardé comme Prince de l'Empire, & Ministre du Roi de France allant à la Cour Impériale & à celle de Prusse; ces deux cours n'étant point en guerre avec Hanovre; il paroît certain que sa personne étoit inviolable: s'il étoit regardé comme Maréchal de France & Général, le Roi de France offroit de payer sa rançon & celle de son Frere. Selon le Cartel établi à Francfort le 18. Juin 1743. entre la France & l'Angleterre, la rançon d'un Maréchal de France est de 50000 livres. Le Ministre de Georges II. éluda ces instances pressantes par une défaite, qui étoit un nouvel outrage. Il déclara, qu'il regardoit MM. de Belle-Isle comme prisonniers d'Etat. On les traita avec les attentions les plus distinguées, suivant les maximes de la plûpart des Cours Européennes, qui adoucissent ce que la politique a d'injuste

juſte & ce que la guerre a de cruel, par tout ce que l'humanité a de dehors ſéduiſans.

L'Empereur Charles VII. ſi peu reſpecté dans l'Empire, & n'y ayant d'autre appui que le Roi de Pruſſe, pourſuivi alors par le Prince Charles, craignant que la Reine de Hongrie ne le forçât encore de ſortir de Munick ſa Capitale; ſe voyant toujours le jouet de la fortune, accablé de maladies que les chagrins redoublent, ſuccomba enfin, & mourut à Munick à l'âge de 47. ans & demi, en laiſſant cette leçon au monde, que le premier dégré de la grandeur humaine peut être le comble du malheur; il n'avoit été malheureux que depuis qu'il avoit été Empereur: la nature des-lors lui avoit fait plus de mal encore que la fortune. Une complication de maladies douloureuſes remplit ſa vie d'amertume, & le conduiſit au tombeau. Il avoit la goutte & la pierre, on trouva ſes poulmons, ſon foye & ſon eſtomac gangrenés, des pierres dans ſes reins, un polipe dans ſon cœur. On jugea qu'il n'avoit pû dès long-temps être un moment ſans ſouffrir.

Le Corps de cet infortuné Prince fut exposé vêtu à l'ancienne mode Eſpagnole, ſelon l'Etiquette établie par Charles-Quint, quoique depuis lui aucun Empereur n'ait été Eſpagnol, & que Charles VII. n'eut rien de commun avec cette Nation. Il fut enſéveli avec les cérémonies de l'Empire ; & dans cet appareil de la vanité & de la miſere humaine, on porta le Globe du monde devant celui qui pendant la courte durée de ſon Empire n'avoit pas même poſſédé une petite & malheureuſe province: on lui donna même le titre *d'invincible* dans les Reſcripts émanés du jeune Electéur ſon fils ; titre attaché par l'uſage à la dignité d'Empereur, & qui ne faiſoit que mieux ſentir les malheurs de celui qui l'avoit poſſédé.

Son Frere, l'Electeur de Cologne, n'avoit jamais voulu ſoutenir ſa cauſe : ce n'eſt pas que cet Electeur, Evêque-Souverain de Munſter, de Paderborn & d'Oſnabruck, n'eût pû avoir une armée ; mais pour en avoir une bonne, il eût fallu s'y préparer dès long-temps, amaſſer des tréſors, former des Officiers & des Soldats ; tout cela lui manquoit : il avoit toujours prévû que l'Autriche reprendroit la ſupériorité ; il fut neutre dans toute cette guerre : on en murmura beaucoup, mais les événemens ſervirent d'excuſe à la conduite qu'il fut obligé de tenir.

On crut que la cauſe de la guerre ne ſubſiſtant plus, le calme pourroit être rendu à l'Europe : on ne pouvoit offrir l'Empire au Fils de Charles VII. âgé de 17. ans : on ſe flattoit en Allemagne que la Reine de Hongrie rechercheroit la paix, comme un moyen sûr de mettre enfin ſon Mari, le Grand-Duc, ſur le thrône Impérial : mais elle voulut & ce thrône & la guerre. Le Miniſtère Anglais, qui donnoit la loi à ſes Alliés, puiſqu'il donnoit l'argent, & qu'il payoit à la fois la Reine de Hongrie, le Roi de Pologne & le Roi de Sardaigne, crut qu'il y avoit à perdre avec la France par un traité, & à gagner par les armes : il n'eût pas de peine à inſpirer ſa confiance à Marie-Therèſe, qui ſe flattoit de vaincre à la fois & la France & la Pruſſe. Le paſſage du Rhin & de l'Elbe en une campagne, enfloit le courage de cette Cour. Le Roi de France de ſon côté ne vouloit abandonner, ni la cauſe de ſon Gendre l'Infant Dom Philippe en Italie, ni celle du jeune Electeur de Baviere en Allemagne, ni celle du Roi de Prusse qui étoit revenu à lui.

Cette guerre générale se continua parce qu'elle étoit commencée : l'objet n'en étoit pas le même que dans son principe ; c'étoit une de ces maladies, qui à la longue changent de caractère. La Flandre qui avoit été respectée avant 1744. étoit devenue le principal théâtre, & l'Allemagne fut plutôt pour la France un objet de politique que d'opérations militaires. La cour de France jetta les yeux sur le Roi de Pologne, Electeur de Saxe, pour lui faire donner la Couronne Impériale. Il pouvoit non-seulement prétendre à cette Dignité, mais encore s'en servir pour faire entrer dans sa maison une partie de l'héritage d'Autriche, qu'il avoit d'abord disputé à main-armée. On pouvoit du moins, en le détachant de sa nouvelle alliance avec l'Autriche, donner plus de supériorité au Roi de Prusse, & forcer la Reine de Hongrie à recevoir la paix : mais le Ministère Saxon aima mieux voir son Maître allié, qu'ennemi de la Cour de Vienne : il ne tenoit qu'à lui d'avoir l'Empire, & il n'en voulut pas.

Ce refus de l'Electeur de Saxe, qui parut surprenant à l'Europe, n'étonna point ceux qui connoissoient sa Cour, & l'état de ses affaires. On lui persuada qu'il lui seroit difficile de conserver sa Couronne de Pologne en acceptant celle d'Empereur, & que la République de Pologne craindroit d'avoir un chef trop puissant. On lui représenta qu'il risquoit de perdre un thrône qu'il pouvoit assurer à sa postérité; & qu'il n'étoit pas sûr d'enlever l'Empire au Grand-Duc de Toscane. L'exemple de l'Electeur de Baviere lui faisoit voir combien le fardeau de l'Empire étoit difficile à soutenir par un Prince, qui n'est pas très-puissant par lui-même, & qu'une grandeur qui n'est pas fondée sur ses propres forces, n'est souvent qu'humiliante. Enfin ce Prince, soit qu'il ne fût pas assez fort, soit qu'il fût retenu par ses Traités de Vienne, de Dresde & de Warsovie, qui le lioient avec la Reine de Hongrie & avec l'Angleterre, loin de prétendre à l'Empire, il s'unit plus étroitement avec la Reine de Hongrie, pour mettre enfin la Couronne Impériale sur la tête de son Epoux; & pour tout donner à ceux ausquels il avoit d'abord tout disputé.

Il ne reſtoit à la France d'autre parti que les armes, & d'en attendre ſon ſort & la déciſion de tant d'intérêts divers, qui avoient changé tant de fois, & qui dans tous leurs changemens avoient tenu l'Europe en allarmes.

Le nouvel Electeur de Baviere, Maximilien-Joſeph, étoit le troiſiéme de pere en fils que la France ſoutenoit. Cette Couronne avoit fait rétablir l'Ayeul dans ſes Etats : elle avoit procuré l'Empire au Pere ; elle fit un nouvel effort pour ſécourir encore le jeune Prince. Six mille Heſſois à ſa ſolde, trois mille Palatins & treize Bataillons d'Allemands, qui ſont depuis longtemps dans le corps des troupes de France, s'étoient déja joints aux troupes Bavaroiſes, toujours ſoudoyés par le Roi. Pour que tant de ſecours fuſſent efficaces, il falloit que les Bavarois ſe ſecouruſſent eux-mêmes ; mais leur deſtinée étoit de ſuccomber ſous les Autrichiens. Ils défendirent ſi mal l'entrée de leur païs, que dès le commencement d'Avril, l'Electeur de Baviere fut obligé de ſortir de cette même Capitale, dont ſon Pere avoit été chaſſé tant de fois.

Son

Son païs dévaſté ne pouvoit fournir de Fourage aux troupes Françaiſes, qui venoient combattre pour lui. Les Heſſois étoient des mercenaires, qui vouloient recevoir l'argent de la France, mais qui ne vouloient point combattre ; & dès le 10. d'Avril le Général Braut déclara au Comte de Ségur, Général des troupes de France en Baviere, qu'il n'iroit point au-devant de l'ennemi, & que tout ce qu'il pourroit faire étoit de l'attendre. M. de Ségur ſe trouva abandonné de ceux mêmes qu'il venoit ſecourir ; & il ne pouvoit compter ſur les Heſſois, qui marquoient une ſi mauvaiſe volonté.

Pour comble de diſgrace, le Comte de Seckendorff, qui commandoit toujours l'armée Bavaroiſe, étoit en intelligence avec l'Autriche, & négocioit déja un accommodement ſecret, par lequel il livroit la Maiſon de Baviere à la diſcrétion de la Reine de Hongrie, & rendoit inutile tout ce qu'avoit fait la France. Un des mécontemens de ce Général venoit de ce que la Cour de France ne lui avoit pas donné en dernier lieu 24000 florins d'Allemagne, qu'il demandoit encore après les ſommes immenses que le Roi lui avoit fait remettre pour le payement des Bavarois, & il avoit pris en gage la vaisselle d'or du feu Empereur Charles VII. lorsqu'il commandoit son armée, & il se plaignoit qu'après l'avoir remis à la Maison Electorale, on ne lui payoit pas un reste d'argent qu'il redemandoit. On sçait qu'ayant été long-temps attaché au dernier Empereur de la Maison d'Autriche, & ayant été mis en prison, il avoit après la mort de ce Prince quitté la Reine de Hongrie pour la Maison de Baviere; & qu'il n'est guères dans le cœur humain d'être attaché à aucun parti, quand on change si souvent de Maître. Il écrivoit le 24. Mars au Maréchal Terrein, Général Bavarois, ces propres mots: *Les heureux succès dont on se flatte sur le Rhin, ne sauveront pas la Baviere; & il faut que ce païs soit prédestiné à être ruiné totalement, si on ne trouve pas un moyen de le sauver par un accommodement, tel qu'il puisse être.*

Le comte de Ségur & M. de Chavigni, Plénipotentiaires du Roi en Baviere, n'étoient que trop avertis de ses desseins secrets; & ils voyoient que les mouvemens de l'armée Bavaroise laissoient les troupes du Roi exposées

exposées dans un païs, où elles avoient pour ennemis même les habitans qu'ils avoient défendus pendant quatre années.

Dans ces circonstances funestes, le Comte de Ségur n'ayant avec lui qu'environ six mille hommes d'Infanterie, & douze cens chevaux, tant de troupes Françaises que Palatines, fut attaqué par un corps de vingt mille Autrichiens, à quelques lieues de Donawert près d'une petite ville nommée *Pafenhoven*. Il falloit mettre en sureté les troupes du Roi, & la Caisse Militaire : il sut si bien se poster, se couvrir si à propos d'un bois & gagner des hauteurs, qu'il soutint le combat le plus inégal, le plus long & le plus rude, sans pouvoir être rompu : les Français seuls y perdirent environ deux mille hommes, tant tués que blessés : les Palatins moins exposés ne perdirent que très-peu de monde, mais un de leurs bataillons fut fait prisonnier de guerre. Le Marquis de Rupelmonde, Maréchal de Camp, qui arrêta long-temps les ennemis à l'Arriere-garde, fut tué d'un coup de fusil sur le champ de bataille : il n'avoit que son Aide-de-Camp auprès de lui, lorsqu'il reçut le coup. *Laissez-moi mourir*, lui-dit-il,

15 Avril. 1745.

courez avertir M. de Ségur, afin qu'il mette ordre à l'Arriere-garde. On ne peut trop déplorer la mort de ce jeune homme, qui joignoit à tous les talens militaires l'esprit d'un Philosophe, & des agrémens, qui rendoient sa société infiniment chere à tous ses amis. C'étoit le seul rejetton d'une Maison très-distinguée en Flandre ; & il faisoit l'espérance & la consolation d'une Mere, qui ayant été très-long-tems les délices de la Cour de France, ne tenoit plus au monde que par ce fils qu'elle aimoit tendrement. Le Marquis de Crussol chargé de l'Arriere-garde, & le Chevalier de la Marck se conduisirent avec une sagesse si intrépide, qu'ils mériterent des éloges des ennemis, & des récompenses du Roi. Cette petite armée se retira à Donawert en bon ordre, sans jamais avoir été rompue, & ayant tué aux ennemis beaucoup plus de monde qu'elle n'en avoit perdue.

Cependant le jeune Electeur de Baviere étoit dans Ausbourg. Si son conseil avoit voulu joindre ses troupes à celles qui ne combattoient que pour lui, il auroit pû encore tenir la balance égale : le Roi défendoit sa cause de tous côtés : le Maréchal de Mail-

Maillebois à la tête de cent un bataillons & soixante-deux escadrons, & de dix compagnies franches, poussoit une armée Autrichienne, commandée par le Duc d'Aremberg, jusques par de-là la riviere de Laure, & menaçoit le païs d'Hanovre : le Roi de Prusse occupoit le Prince Charles ; & enfin le Roi de France étoit près de faire en Flandre la diversion la plus puissante ; mais le parti du Comte de Seckendorff l'emporta sur toutes ces considérations : il fit signer au jeune Electeur un Traité préliminaire, par lequel il le mettoit enfin dans la dépendance de l'Autriche, & laissoit à la Reine de Hongrie ses plus fortes Places, Ingolstat, Sharding & Brouman jusqu'au temps d'un Traité définitif : il promettoit sa voix au Grand-Duc à la premiere Diétte d'Election, & mettoit ainsi sur sa tête, celui que la conjoncture des temps avoit rendu l'ennemi le plus dangereux de la Maison de Baviere : les six mille Hessois, qui étoient dans cette armée, se déclarerent neutres ; & malgré leur neutralité, on les désarma dans Ausbourg ; après quoi ils passerent de la solde de France à la solde d'Angleterre. Les Palatins furent obligés bientôt d'embrasser la

12. Avril 1745.

neutralité. Cette révolution heureuse pour la Reine de Hongrie, fit au moins ce bien à la France de lui épargner les hommes & les trésors qu'elle prodiguoit pour la Maison de Baviere, & la délivre du fardeau des troupes mercénaires, qui coûtent d'ordinaire beaucoup plus qu'elles ne servent. Le Conseil du jeune Electeur pouvoit se justifier de ce Traité par l'expérience des malheurs passés, & par ceux que l'on craignoit; mais ce qu'on pouvoit lui reprocher, c'étoit un Article secret, par lequel l'Electeur s'engageoit à donner des troupes à la Reine de Hongrie, & de recevoir, comme les autres, de l'argent des Anglois. Le Roi de France ne s'étoit pas attendu, quand il mit l'Electeur Charles-Albert sur le thrône de l'Empire, qu'au bout de deux ans les Bavarois s'armeroient contre lui même.

Le Roi en perdant un Allié qui étoit à charge, en conservoit encore un qui étoit utile. Le Roi de Prusse étoit la terreur des Autrichiens, le Prince Charles pouvoit à peine tenir la campagne contre lui.

Le parti que prit Louis XV. fut de faire une guerre défensive en Allemagne, & de la faire offensive en Flandre & en Italie: par-

par-là il rempliſſoit tous ſes objets. Son armée vers le Rhin occupoit les Autrichiens, & les empêchoit de tomber ſur ſon Allié, le Roi de Pruſſe, avec des forces trop ſupérieures. Il avoit déja fait partir le Maréchal de Maillebois de l'Allemagne pour l'Italie, & le Prince de Conti fut chargé de cette guerre vers le Rhin, qui devenoit d'une eſpèce toute contraire à celle qu'il avoit faite dans les Alpes.

Le Roi ſe chargea d'aller lui-même achever en Flandre les conquêtes, qu'il avoit interrompues l'année précédente : il venoit de marier le Dauphin, avec la ſeconde Infante d'Eſpagne au mois de Février; & ce jeune 1745.
Prince, qui n'avoit pas ſeize ans accomplis, ſe prépara à partir au commencement de Mai avec ſon Pere.

Avant ce départ le Maréchal de Saxe alla ſe mettre à la tête de l'armée de Flandre, qui devoit être de cent ſix Bataillons & de cent ſoixante & douze Eſcadrons complets avec dix-ſept Compagnies-franches.

CHAPITRE VII.

Siége de Tournai. Bataille de Fontenoy.

LE Maréchal de Saxe ayant fait plusieurs marches qui tenoient les ennemis en suspens, & qui menaçoient tantôt Ath, tantôt Mons, parut tout d'un coup devant Tournai, & l'investit le 25 Avril, sans que l'armée des Anglois, des Autrichiens, des Hanovériens & des Hollandais pût prévenir ses opérations. Tournai étoit la plus forte place de la barriere: la Ville & la Citadelle étoient encore un des chef-d'œuvres de M. de Vauban; car il n'y avoit point de place en Flandre, dont Louis XIV. n'eût fait construire les Fortifications.

Le peuple de Tournai aimoit la domination Française, moins parce que cette Ville est un des plus anciens Patrimoines des Rois de France, qu'en vûe de sa propre utilité; ils préféroient la magnificence Française, qui enrichit un païs, à l'économie Hollandoise, qui le fait languir; mais l'inclination des peuples est presque toujours compté pour rien dans les villes de guerre. On n'attaque point les citoyens: ils ne se défendent

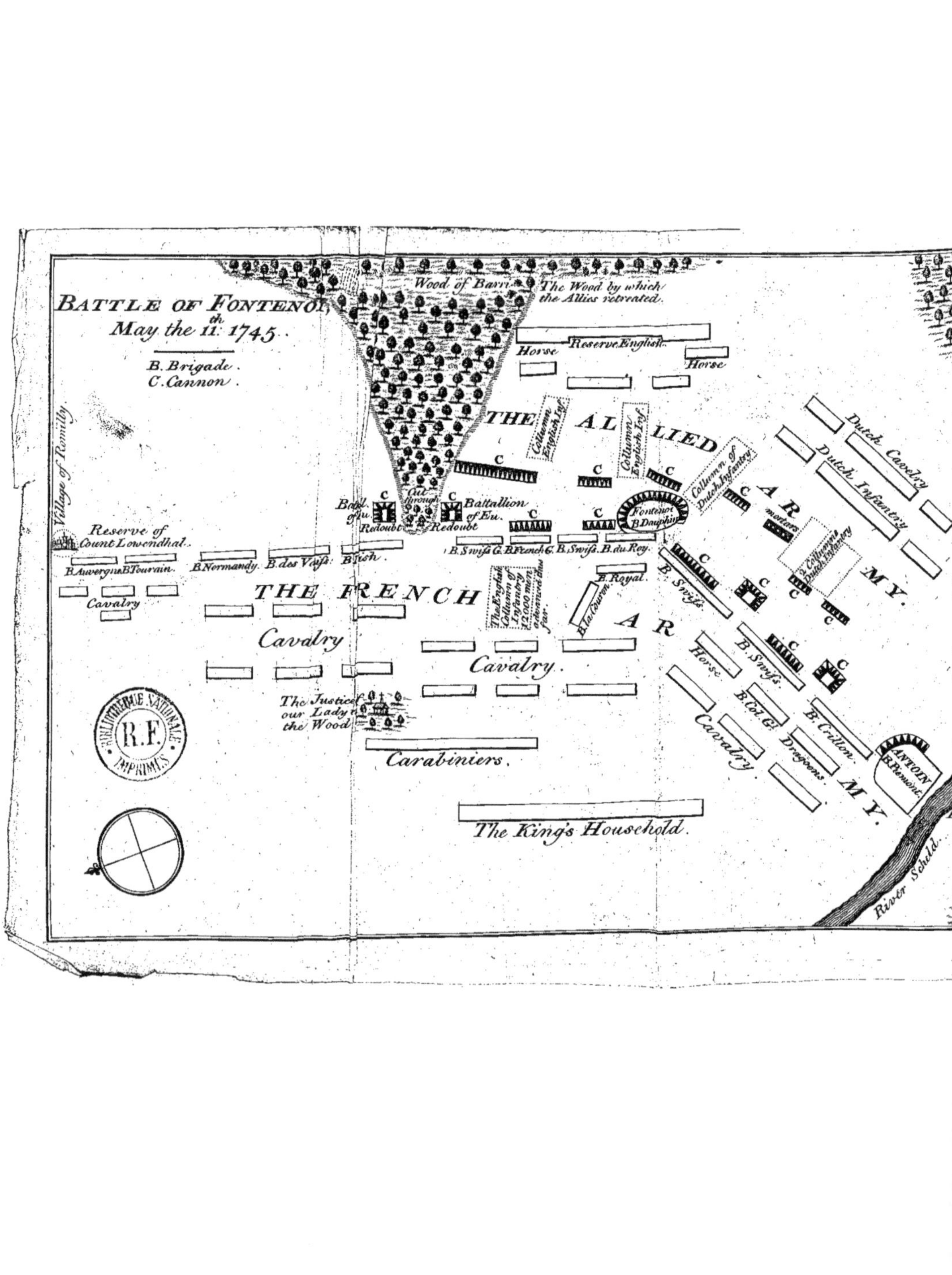

BATTLE OF FONTENOI,
May the 11th 1745.
B. Brigade.
C. Cannon.
Wood of Barri.
The Wood by which the Allies retreated.
Reserve English.
Horse
Horse
Collumn English Inf.
Collumn English Inf.
THE ALLIED
ARMY.
Collumn of Dutch Infantry
Dutch Cavalry
Dutch Infantry
mortars
2 Collumns Dutch Infantry
Village of Romilly
Reserve of Count Lowendhal.
B. Auvergne
B. Tourain.
B. Normandy.
B. des Vaiss.
B. Irish.
Cavalry
Batt. of Eu
Redoubt
Cut through
Redoubt
Battallion of Eu.
Fontenoi B. Dauphin
B. Swiss G.
B. French G.
B. Swiss.
B. du Rey.
B. Royal.
B. la Couron
B. Swiss.
THE FRENCH
ARMY.
The English Collumn of Infantry 12000 men advanced thus far.
Cavalry
Cavalry.
Horse
Cavalry
B. Swiss.
B. Col. G.
Dragoons.
B. Crillon.
ANTOIN
R. Piemont.
The Justice of our Lady in the Wood
Carabiniers.
The King's Household.
River Scheld.

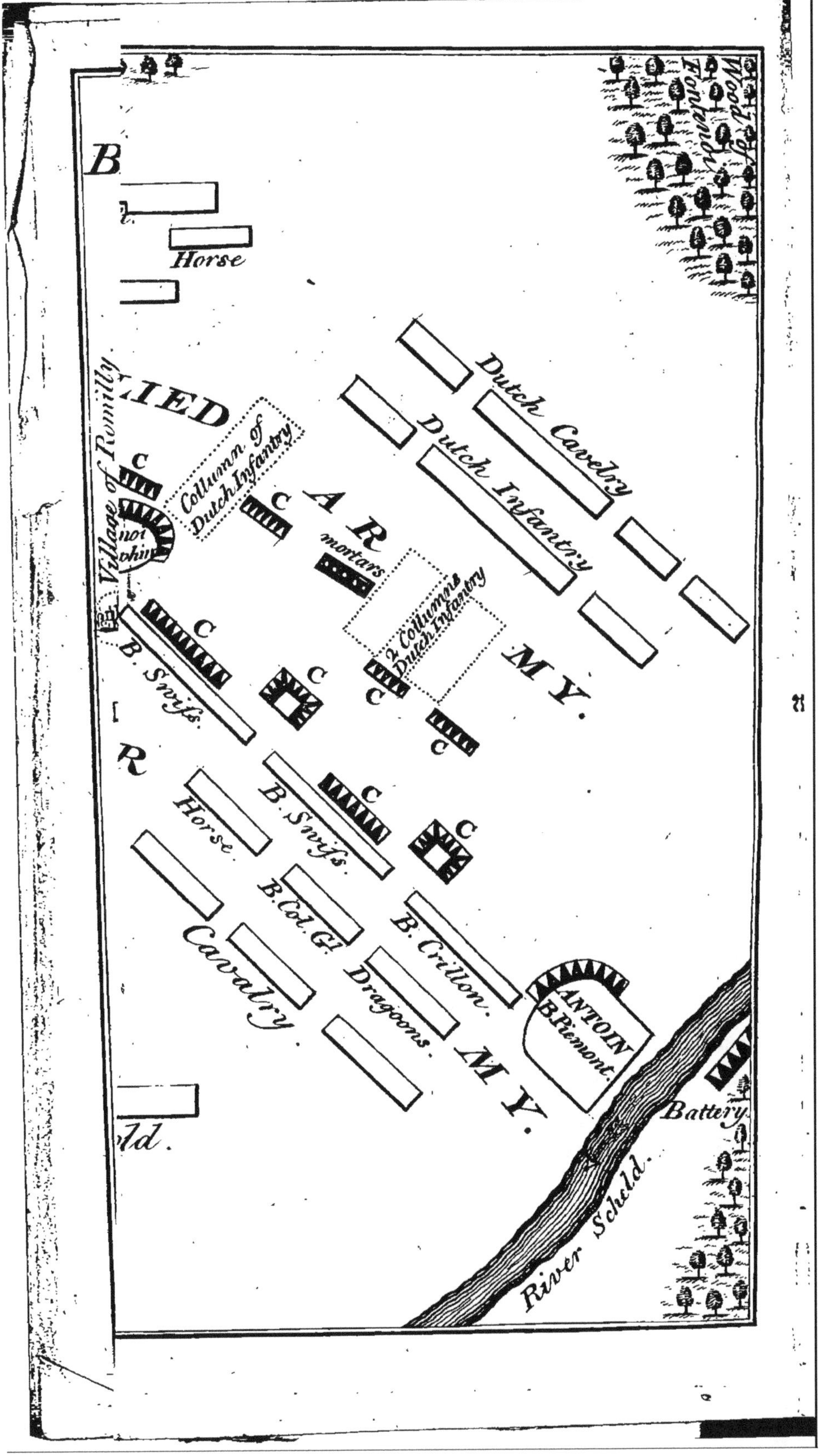

Wood of
Fontenoy
B
Horse
LLIED
A R
M Y.
Village of Romilly
Collumn of
Dutch Infantry
Dutch Cavelry
Dutch Infantry
mortars
2 Collumns
Dutch Infantry
C
C
C
C
C
C
C
C
C
B. Swiss.
B. Swiss.
R
Horse
B. Col. G.
B. Crillon.
Cavalry.
Dragoons.
M Y.
ANTOIN
B. Riemont.
Battery
River Scheld.
ld.

défendent point, ils passent d'une domination à une autre par des Capitulations qu'on fait pour eux, sans les consulter.

Il arriva les premiers jours du siége de Tournai, un de ces événemens, qui marque d'une maniere frappante la fatalité de la destinée, dont dépend la mort & la vie. Le Comte de Talleyrand, Colonel du Régiment de Normandie, étoit de tranchée, sous les ordres du Duc de Biron : on avoit élevé un Cavalier dans cette tranchée, auprès duquel on avoit mis un tonneau de poudre. Le Duc de Biron étoit couché la nuit auprès de M. de Talleyrand sur une peau d'Ours. Il se ressouvint qu'il avoit promis d'aller passer une partie de la nuit avec M. de Meuze : il y va malgré M. de Talleyrand, qui veut l'arrêter ; à peine est-il parti qu'un Soldat essayant l'amorce de son fusil, laisse tomber une étincelle sur le tonneau de poudre ; le Cavalier saute en l'air ; M. de Talleyrand est enlevé avec quatre-vingt Soldats, dont les membres, qui retomberent déchirés de tous côtés, sont dispersés ; une partie du corps de M. de Talleyrand fut jettée à plus de trente toises : mais un tel accident, tout funeste qu'il est, est confondu

fondu à la guerre dans la foule des calamités humaines, dont on ne s'apperçoit pas pour en être trop environné : la Garnison de Tournai, témoin de cet accident funeste, insulta aux Français, & les outragea par les paroles les plus injurieuses : des Compagnies de Grenadiers ne pouvant retenir leur indignation, leur répondirent autrement que par des injures ; elles sortent des tranchées, courent sur le Glacis du Chemin-couvert, qui n'étoit pas prêt d'être attaquable, descendent sans ordre, sans préparation, sans Officiers dans le Chemin-couvert, sous le feu de l'Artillerie & de la Mousqueterie, & se maintinrent fièrement sur la ronde, exposées de tous les côtés. Le Duc de Biron, qui commandoit la tranchée, apprend cette action que la vengeance & le courage justifioient : il fait porter à l'instant des Gabions, fait des épaulemens, & loge ces braves gens dans le Chemin-couverts, qu'ils avoient emporté.

Dès que les Etats Généraux apprirent que Tournai étoit en danger, ils mandèrent à leurs Généraux, qu'il falloit hasarder une bataille pour secourir la ville. Ces Républicains, malgré leur circonspection, furent

rent les premiers alors à prendre des résolutions hardies.

Au 5. Mai, les ennemis avancerent à Cambron, à sept lieuës de Tournai. Le Roi partit le 6. de Paris, avec le Dauphin; les Aides-de-Camp du Roi, les Menins du Dauphin les accompagnoient.

Paris, qui avoit été sur le point de perdre son Roi l'année précédente, sentit renouveller sa douleur, en voyant partir le Pere & le Fils, pour aller s'exposer à l'événement incertain d'une bataille. On n'avoit point encore fait de retranchemens devant Tournai aux lignes de circonvallations: on n'avoit point d'armée d'observation: vingt bataillons & quarante escadrons que l'on tiroit de l'armée, que commandoit le Prince de Conti, n'étoient encore arrivés.

Mais, malgré les allarmes qu'on avoit à Paris, il falloit convenir que l'armée Royale étoit considérablement supérieure à celle des Alliés. On a imprimé dans beaucoup de rélations qu'elle étoit plus foible. La vérité de l'Histoire oblige de dire qu'elle étoit plus forte de soixante bataillons & de quatre-vingt-deux escadrons; car les bataillons Français étoient au nombre de cent six, en-

com-

comptant les Milices. Ceux des Alliés au nombre de quarante-ſix ſeulement; les eſcadrons Français au nombre de cent ſoixante & douze, & les autres n'étoient que de quatre-vingt dix.

Il eſt vrai que le jour de la bataille, on ne ſe ſervit point de tout cet avantage. Quelques troupes n'étoient pas encore arrivées; il en falloit pour garder les tranchées de Tournai, pour les ponts de communication; mais la ſupériorité du nombre fut conſtamment du côté de la France: ce qui n'eſt pas moins vrai, c'eſt que cet avantage ne devoit décider de rien dans un terrain auſſi étroit que celui de la bataille, & que très-rarement même le nombre a donné la victoire. La principale force de l'armée ennemie conſiſtoit en vingt bataillons, & en vingt-ſix eſcadrons Anglois, ſous le jeune Duc de Cumberland, qui avoit gagné avec le Roi ſon Pere, la bataille d'Ettinghen. Cinq bataillons & ſeize Eſcadrons Hanovériens étoient joints aux Anglais. Le Prince de Waldeck, à-peu-près de l'âge du Duc de Cumberland, plein d'impatience & brûlant de ſe ſignaler, étoit à la tête de quarante eſcadrons Hollandais, & de vingt-ſix bataillons. Les Autrichiens n'avoin'avoient dans cette armée que huit escadrons : on faisoit la guerre pour eux dans la Flandre, qui a toujours été défendue par les armes & par l'argent de l'Angleterre & de la Hollande ; mais à la tête de ce petit nombre d'Autrichiens étoit le vieux Général Konigsecg, qui avoit commandé contre les Turcs en Hongrie, & contre les Français en Italie & en Allemagne : ses conseils devoient conduire l'ardeur du Duc de Cumberland, & du Prince de Waldeck. Leur armée alloit au-delà de cinquante-cinq mille combattans.

Le Roi laissa environ dix-huit mille hommes devant Tournai, qui étoient postés en échelle jusqu'au champ de bataille : six mille pour garder les ponts sur l'Escaut, & les communications. L'armée étoit sous les ordres d'un Général, en qui on avoit la plus grande confiance. Le Comte de Saxe, avoit toujours étudié l'art de la guerre, même pendant la paix : il joignoit une théorie profonde à la pratique ; la vigilance, le secret, l'art de sçavoir différer à-propos un projet, & celui de l'exécuter rapidement, le coup d'œil, les ressources, la prévoyance étoient ses talens, de l'aveu de tous les Officiers ;

ciers ; mais alors ce Général, consumé d'une maladie de langueur, étoit presque mourant : il étoit parti de Paris très-malade. L'Auteur de ces Mémoires, l'ayant même rencontré avant son départ, & n'ayant pû s'empêcher de lui demander, comment il pourroit faire dans cet état de foiblesse, le Maréchal lui répondit : *Il ne s'agit pas de vivre mais de partir.*

Le Roi étant arrivé le six à Douai, il reçut en se couchant un Courier du Maréchal, qui lui mandoit que l'armée ennemie s'aprochoit, & qu'on seroit bientôt en présence. *Messieurs*, dit-il, à ses Aides-de-Camp & à ses Officiers, *il n'y aura pas de temps perdu ; je pars demain matin à cinq heures, qu'on laisse dormir M. le Dauphin.*

Le lendemain 7. de Mai, le Roi se rendit à Pont-à-Chin auprès de l'Escaut, à portée des tranchées de Tournai. Le Dauphin, qui avoit été averti, s'y trouva, & accompagna le Roi, lorsqu'il alla reconnoître le terrain qui devoit servir de champ de bataille : toute l'armée, en voyant le Roi & le Dauphin, fit entendre des acclamations de joie : les ennemis passerent le 10. & la nuit du 11 à faire leurs dernieres dispositions : jamais le Roi ne marqua plus de gaieté que la veille du combat. La conversation roula sur les batailles où les Rois s'étoient trouvés en personne ; le Roi dit, que depuis la bataille de Poitiers, aucun Roi de France n'avoit combattu avec son Fils, & qu'aucun n'avoit gagné de victoire signalée contre les Anglais ; qu'il esperoit être le premier.

Il fut éveillé le premier, le jour de l'action : il éveilla lui-même à quatre heures le Comte d'Argenson, Ministre de la Guerre, qui dans l'instant envoya demander au Maréchal de Saxe ses derniers ordres. On trouva le Maréchal dans une voiture d'ozier, qui lui servoit de lit, & dans laquelle il se faisoit traîner, quand ses forces épuisées ne lui permettoient plus d'être à cheval. Le Roi & le Dauphin avoient déja passé le pont de Calonne. Le Maréchal dit à l'Officier envoyé par le Comte d'Argenson, qu'il falloit faire avancer les Gardes du Roi, dont il avoit assigné le poste à la reserve avec les Carabiniers, comme une ressource sûre. C'étoit une méthode nouvelle de poster ainsi les troupes, qui en imposent le plus aux ennemis. Mais il ajoûta, qu'on ne fît passer les Gardes, que quand le Roi

&

& le Dauphin auroient repassé le pont. Le Maréchal étant étranger sentit bien qu'il lui convenoit, moins qu'à personne, d'exposer à la destinée d'un combat incertain, deux têtes aussi précieuses. L'Officier, auquel il avoit fait ces réponses, eut peine à les rapporter au Roi ; mais ce Prince s'en étant fait instruire, *On peut*, dit-il, *faire passer mes Gardes du Corps dès-à-présent, car assûrement je ne repasserai pas* ; & bientôt après, il alla prendre son poste par de-là la Justice de Notre-Dame-aux-Bois ; il ne voulut avoir pour sa garde qu'un escadron de cent vingt hommes de la compagnie de Charôt, un seul Gendarme, un Chevau-Léger & un Mousquetaire. Le Maréchal de Noailles étoit auprès de lui avec le Comte d'Argenson, les Aides-de-Camp étoient les mêmes que l'année précédente. Le Duc de Villeroi étoit auprès de sa personne, comme Capitaine des Gardes ; le Dauphin avoit auprès de lui ses Menins.

La suite du Roi & du Dauphin, qui composoit une troupe nombreuse, étoit suivie d'une foule de personnes de toute espéce qu'attiroit cette journée, & dont quelques-uns même étoient montés sur des

arbres

arbres pour voir le ſpectacle d'une bataille.

Le ſecours de la gravure, eſt ici abſolument néceſſaire à qui veut ſe faire une image nette & détaillée de cette action. Les Anciens, à qui cet Art étoit inconnu, n'ont pû laiſſer que des notions imparfaites des terrains, & des mouvemens ; mais pour avoir une connoiſſance pleine d'une telle journée, il faut des recherches plus difficiles. Nul Officier ne peut avoir tout vû ; beaucoup voyent avec des yeux préoccupés, & il y en a qui n'ont qu'une vûe courte. C'eſt beaucoup d'avoir conſulté les Mémoires des Bureaux de la Guerre, & ſurtout de s'être inſtruit par les Généraux, & par les Aides-de-Camp : mais il eſt encore néceſſaire de parler aux Commandans de différens corps, & de confronter leurs rélations, afin de ne dire que les faits dans leſquels ils s'accordent.

On a pris toutes ces précautions pour être inſtruit au fond des détails d'une bataille, dont les moindres particularités doivent intéreſſer toute la Nation. En jettant les yeux ſur la Carte, on voit d'un coup d'œil la diſpoſition des deux armées. On re-

remarque Antoin assez près de l'Escaut, à neuf cens toises du pont de Calonne, par où le Roi & le Dauphin s'étoient avancés. Le village de Fontenoi à huit cens toises d'Antoin ; ensuite en tirant vers le Nord, est un terrain de quatre cent cinquante toises de large entre les bois de Barri & de Fontenoi. On voit sur cette Carte, les dispositions des Brigades, les Généraux qui les commandoient, avec quel art on s'étoit préparé à soutenir l'effort de l'ennemi près de l'Escaut & d'Antoin, entre Antoin & Fontenoi, dans ces villages garnis de troupes & d'artillerie, dans le terrain qui sépare Fontenoi des bois de Barri, & enfin sur la gauche du côté de Remecroix, où l'ennemi pouvoit s'avancer en faisant le tour des bois.

Le Général avoit pourvû à la victoire, & à la défaite. Le pont de Calonne muni de Canon, fortifié de retranchemens, & défendu par un bataillon des Gardes, un des Suisses, & trois de Milices, devoit servir de retraite au Roi & au Dauphin, en cas de malheur. Le reste de l'armée auroit défilé alors par d'autres ponts sur le bas Escaut près de Tournai.

De

De tant de mesures, qui toutes se prêtoient un secours mutuel sans pouvoir s'entre-nuire, une seule dans laquelle on se méprit, pouvoit rendre la journée funeste. Le soir qui précéda la bataille, on dit au Général qu'il y avoit un chemin creux, profond & impratiquable, qui prénoit sans discontinuer d'Antoin à Fontenoi, & auquel on pouvoit appuyer l'armée : il avoit reconnu lui-même une partie de ce fossé, tout affoibli qu'il étoit ; & on l'assûroit que le reste étoit plus inaccessible encore. Il ordonna la disposition en conséquence ; mais ce terrain, qui étoit très-profond près de Fontenoi & auprès d'Antoin, devenoit très-uni entre ces deux villages. Cette circonstance si petite en d'autres cas, étoit là d'une importance extrême ; l'armée auroit pû être prise en flanc. Le Maréchal mieux informé, par M. de Crémille, Maréchal des Logis, fit élever à la hâte trois redoutes en cet endroit entre les villages. Le Maréchal de Noailles y donna ses soins pendant la nuit : il fit joindre Fontenoi à la premiere redoute par un redent de terre : les trois redoutes furent garnies de trois batteries de Canon, l'une de huit piéces, les deux

deux autres de quatre; on les appella les redoutes de Bettens, parce que le regiment Suiſſe de Bettens les gardoit avec celui de Dieſbach. Outre ces précautions, on avoit encore placé ſix Canons de ſeize livres de balle en-deçà de l'Eſcaut, pour foudroyer les troupes, qui attaqueroient le village d'Antoin.

Il faut ſurtout remarquer qu'il y avoit un terrain d'environ quatre cens cinquante toiſes, qui s'élevoit un peu entre les bois de Barri & de Fontenoi. L'ennemi pouvoit pénétrer par ce paſſage; le Général avoit fait élever à la pointe des bois de Barri, une redoute bien conſtruite, dans laquelle on plaça des Canons dans des embrâſures: le Marquis de Chambonas y commandoit un bataillon d'Eu. Les Canons de cette redoute formoient, avec ceux qui étoient placés au flanc gauche de Fontenoi, un feu croiſé, qui sembloit devoir arrêter tous les efforts de l'armée la plus intrépide.

Si les Anglais avoient voulu paſſer par le bois de Barri, ils trouvoient encore une autre redoute garnie de Canons; s'ils faiſoient un plus grand tour, ils avoient des retranchemens à forcer, & le feu des deux batteries de Canon à essuyer sur le grand chemin de Leuze. C'est ainsi que de tous les côtés, le Maréchal de Saxe avoit tiré parti du terrain.

A l'égard de la position des troupes, à commencer du pont de Vaux, qu'on a nommé, depuis la bataille, le pont de Calonne, il n'y avoit pas un endroit à découvert. Les Comtes de la Marck & de Lorges étoient chargés du poste d'Antoin. Il y avoit cinq bataillons de Piedmont & de Biron, & six Canons à la tête de ces regimens.

Le Marquis de Crillon étoit auprès de la redoute la plus voisine d'Antoin, suivi de son regiment ; & à sa gauche, il y avoit les Dragons pour les soutenir.

Le village de Fontenoi avoit été confié au Comte de la Vauguion, qui avoit sous lui le Fils du Marquis de Meuze-Choiseuil avec le regiment Dauphin, dont ce jeune homme, mort depuis étoit Colonel. Le Duc de Biron, Lieutenant-Général, étoit à la tête du regiment du Roi, qu'il commandoit alors auprès de Fontenoi. A sa gauche étoit le Vicomte d'Aubeterre, & le regiment de son nom.

A-peu-près fur la même ligne, on avoit mis quatre bataillons des Gardes Françaifes, deux de Suiffe, & le regiment de Courtin dans le terrain qui s'étend de Fontenoi au bois de Barri.

A deux cens toifes environ derriere eux étoient cinquante-deux efcadrons de Cavalerie : le Duc d'Harcourt, le Comte d'Eftrées, le Duc de Penthiévre étoient les Lieutenans-Généraux de cette premiere ligne. MM. de Clermont-Galerande, du Cheïla & d'Apcher, conduifoient la feconde ; & entre ces lignes de Cavalerie, on plaça le matin les regimens de la Couronne, Hainaut, Soiffons & Royal.

On voyoit fur la gauche la brigade des Irlandais, fous les ordres de Mylord Clark, dans une petite plaine de huit cens pas. Plus loin le regiment des Vaiffeaux, ayant alors pour Colonel le Marquis de Guerchi : entre ces brigades étoient M. de Clermont-Tonnerre & le Prince de Pons, de la Maifon de Lorraine, à la tête de la brigade de Cavalerie de Royal-Rouffillon.

La Maifon du Roi & les Carabiniers étoient en réferve : c'étoit une nouvelle pratique du Maréchal de Saxe, recommandée

par

par le Chevalier Folard, de tenir ainſi loin des yeux ennemis les troupes, dont le nom lui en impoſe davantage, & contre leſquelles il fait marcher toujours ſes corps les plus agguerris.

Toutes ces diſpoſitions étant faites, ou prêtes à ſe faire, on attendoit en ſilence le point du jour. A quatre heures du matin, le Maréchal de Saxe, ſuivi de ſes Aides-de-Camp & accompagné de ſon Etat-Major, alla viſiter tous les poſtes. Les Hollandais, qui ſe formoient déja, firent ſur la troupe un feu continuel. *Meſſieurs*, dit-il, *votre vie eſt néceſſaire aujourd'hui :* il leur fit mettre pied à terre, & marcha long-tems par ce chemin creux, dont on a parlé. Cette fatigue épuiſa ſes forces, & redoubla ſes maux ; il remonta à cheval ; & ſe ſentant plus affoibli, il ſe fit mettre quelque tems dans ſa chaiſe d'ozier. A la pointe du jour, le Comte d'Argenſon alla voir ſi l'artillerie des redoutes & des villages étoit en bon état, & ſi les Canons de Campagne étoient tous arrivés. On devoit avoir cent piéces d'artillerie, il ne s'en trouva que ſoixante : la préſence & l'ordre du Miniſtre étoient néceſſaires. Il commanda qu'on amenât les

 quarante

quarante Canons qui manquoient ; mais dans le tumulte & dans l'embarras, presque inévitable en pareille occasion, on ne conduisit point au Camp le nombre des Boulets qu'exigeoit cette artillerie. Les Canons de campagne étoient de quatre livres de balle, & on les traînoit à bras, les piéces qui étoient dans les villages & dans les redoutes, comme celles qui étoient pointées en-deçà de l'Escaut, contre les Hollandais, portoient depuis quatre livres jusqu'à seize. Il y avoit deux bataillons de Royal-Artillerie, distribués dans Antoin, dans Fontenoi & dans les redoutes, sous les ordres de M. Brocard, Lieutenant-Général d'Artillerie.

Les ennemis avoient quatre-vingt-un Canons & huit Mortiers à Bombes. Leurs Canons de regimens portoient trois livres ; ce sont ces piéces qu'on nommoit autrefois *fauconneaux* ; elles ont environ quatre pieds & demi de longueur, deux livres de poudre sont leur charge ordinaire, & elles portent 250 toises à pleine volée. Il y en avoit aussi qui ne portoient que des boulets d'une livre & demie. On commençoit à se canoner de part & d'autre. Le Maréchal de Saxe dit au Maréchal de Noailles que les ennemis

mis s'en tiendroient à cette canonade : il leur supposoit un dessein plus habile que celui qu'ils avoient : il pensoit qu'ils feroient ce qu'il auroit fait en leur place ; qu'ils tiendroient continuellement en échec, & en allarme l'armée Française, & que par cette manœuvre, ils retarderoient la prise de Tournay, & peut-être la rendroient impossible. En effet, ils étoient postés de façon qu'ils ne pouvoient être attaqués avec avantage, & ils pouvoient continuellement inquiéter l'armée des assiégeans ; c'étoit le sentiment du vieux Général Konigseg ; mais le courage ardent du Duc de Cumberland, & la confiance des Anglais, ne recevoient aucun conseil. Dans le temps qu'on commençoit à se canoner, le Maréchal de Noailles étoit auprès de Fontenoi, & rendoit compte au Maréchal de Saxe de l'ouvrage qu'il avoit fait faire à l'entrée de la nuit pour joindre le village de Fontenoi à la premiere des trois redoutes, entre Fontenoi & Antoin : il lui servit de premier Aide-de-Camp, sacrifiant la jalousie du commandement au bien de l'Etat, & s'oubliant soi-même pour un Général étranger, & moins ancien. Le Maréchal de Saxe sentoit tout le prix de cette magnanimité, & jamais on ne vit une union ſi grande entre deux hommes, que la foibleſſe ordinaire du cœur humain devoit éloigner l'un de l'autre.

Le Duc de Grammont arriva dans ce tems-là : le Maréchal de Noailles lui dit : *mon neveu, il faut s'embraſſer un jour de bataille, peut-être ne nous reverrons-nous plus.* Ils s'embraſſerent avec attendriſſement ; le Maréchal de Noailles alla enſuite rendre compte au Roi de tous les poſtes qu'il avoit viſités.

Le Duc de Grammont rencontra le Comte de Lowendal qui s'avança avec lui près de la première redoute du bois de Barry, vis-à-vis une batterie des Anglais : un boulet de trois livres vint frapper le cheval du Duc de Grammont, le Comte de Lowendal fut couvert de ſang ; & un morceau de chair ſanglant que le coup faiſoit voler tomba dans ſa botte. *Prenez garde à vous,* dit-il au Duc de Grammont ; *votre cheval eſt tué ; & moi auſſi,* répondit le Duc. Il avoit le haut de la cuiſſe fracaſſé du coup, & on l'emporta. M. de la Peyronie qui le rencontra ſur le chemin de Fontenoi le trouva déja mort. Il en alla rendre compte au Roi,

Roi, qui s'écria avec douleur : *ah! il y en aura bien d'autres cette journée.*

Le feu de l'artillerie continua des deux côtés jusqu'à huit heures du matin avec vivacité, sans que les ennemis parussent avoir un dessein formé. Vers les sept heures, les Anglais embrasserent tout le terrain du village de Fontenoi, & l'attaquerent de tout les côtés. Ils y jettoient des bombes, dont une tomba aux pieds du Maréchal de Saxe, qui parloit alors au Comte de Lowendal.

Les Hollandais avancerent ensuite vers Antoin ; les deux attaques furent également bien soutenues : le Comte de Vauguion qui commandoit dans Fontenoi, ayant sous lui le jeune Comte de Meuze, repoussa toujours les Anglais : il avoit fait des retranchemens à son Village, & ordonné au Regiment Dauphin de ne jamais tirer que suivant ses ordres. Il fut très-bien obéi : les soldats ne tiroient qu'à bout-portant & à coup sûr, & à chaque décharge, faisoient retentir les cris de *vive le Roi.* Le Comte de la Marck, dans Antoin avec le Comte de Lorges, contint l'infanterie & la Cavalerie Hollandaise. Le Marquis de Chambonas soutint aussi toutes les attaques à la redoute d'Eu. Les Anglais attaquerent trois fois Fontenoi, & les Hollandais se présenterent à deux reprises devant Antoin. A leur seconde attaque, on vit un escadron Hollandais emporté presque tout entier par le Canon d'Antoin : il n'en resta que quinze hommes, & les Hollandais ne se représenterent dès ce moment qu'avec peu d'activité, & sans se rapprocher.

Le Roi étoit alors avec le Dauphin auprès de la justice de Notre Dame-aux-Bois où le Canon des Anglais donnoit à pleine volée. La mousqueterie y portoit : un domestique du Comte d'Argenson fut atteint au front d'une balle de fusil fort loin derriere le Roi.

Ce Prince observoit tout avec attention de cet endroit, qui étoit également à portée de tous les corps. Il s'étoit apperçu le premier que les ennemis attaquant Antoin, & Fontenoi, & tous les efforts paroissant se diriger de ce côté, il étoit inutile de laisser vers Ramecroix le regiment de Normandie, ceux d'Auvergne & de Touraine : il fit avancer Normandie près des Irlandais, & fit mettre plus en arriere Auvergne & Touraine : mais il ne changea cette disposition qu'après qu'après en avoir fait demander l'avis au Général, songeant uniquement au succès de la journée, ne présumant point de son opinion, & disant qu'il étoit venu à cette bataille pour s'instruire, & pour instruire son Fils.

Il s'avança alors vers le côté d'Antoin dans le temps que les Hollandais s'avançoient pour la seconde fois ; les boulets de Canon tomboient auprès de lui & du Dauphin : un Officier nommé M. d'Arbaud, depuis Colonel, y fut tout couvert de terre d'un boulet à ricochet. Le caractère des Français est la gayeté dans le danger même, le Roi & ceux qui l'entouroient étoient inondés de la boue que ce coup de canon avoit fait voler : on rioit ; le Roi faisoit ramasser les boulets & disoit à M. de Chabrier Major d'Antillerie : *renvoyez ces boulets aux ennemis, je ne veux rien avoir à eux.* Il vint ensuite se remettre à son premier poste, & il remarqua avec admiration, que la plupart des boulets tirés alors du côté des bois de Barry par des batteries Anglaises, tomboient dans le regiment Royal-Roussillon, qui ne fit pas le moindre mouvement, par lequel il eût pu faire remarquer son danger & ses pentes.

L'attaque des ennemis ne fut jufqu'à dix & onze heures, que ce que le Maréchal de Saxe avoit prévû. Les ennemis faifoient un feu inutile fur les villages & fur les redoutes. Vers les fix heures le Duc de Cumberland prit la réfolution de pénétrer entre la redoute des bois de Barry & de Fontenoi. Il y avoit un ravin profond à paffer, le canon de la redoute à effuyer, & par de-la le ravin, l'armée Françaife à combattre. Cette entreprife paraiffait téméraire. Le Duc de Cumberland ne prit cette réfolution, que parce qu'un Officier nommé Ingolfbi, auquel il avoit ordonné d'attaquer la redoute d'Eu n'avoit pas exécuté fes ordres. S'il s'étoit emparé de cette redoute, il eût fait enfuite aifément, & fans perte, déboucher toute fon armée favorifée du canon même de la redoute, qu'il eût tourné contre les Français ; mais malgré ce contretemps, les Anglais ne franchirent pas moins le ravin. Ils le pafferent fans prefque déranger leurs rangs, traînant leurs canons à bras par les fentiers, & ils fe formerent fur trois lignes affez preffées, & de quatre de hauteur chacune, avançant entre les batteries de canon qui les foudroyoient dans un terrain

terrain d'environ quatre cens toiſes de large. Des rangs entiers tomboient morts à droite & à gauche: ils étoient remplacés auſſitôt, & les canons qu'ils amenoient à bras vis-à-vis de Fontenoi, & vis-à-vis les redoutes, répondoient à l'artillerie Françaiſe: en cet état ils marchoient fièrement précédés de ſix piéces d'artillerie, & en ayant encore ſix autres au milieu de leurs lignes.

Vis-à-vis d'eux ſe trouverent quatre bataillons des Gardes-Françaiſes, ayant deux bataillons des Gardes-Suiſſes à leur gauche, le regiment de Courten à leur droite, & enſuite celui d'Aubeterre, & plus loin le regiment du Roi qui bordoit Fontenoi le long du Chemin creux.

Le terrain s'élevoit à l'endroit où étoient les Gardes-Françaiſes juſqu'à celui où les Anglais ſe formoient.

Les Officiers des Gardes-Françaiſes ſe dirent les uns les autres, *il faut aller prendre le canon des Anglais :* ils y monterent rapidement avec leurs Grenadiers : mais ils furent bien étonnés de trouver une armée devant eux. L'artillerie & la mouſqueterie en coucha par terre près de ſoixante, & le reſte fut obligé de revenir dans ſes rangs.

 Cepen-

Cependant les Anglais avançoient, & cette ligne d'Infanterie, composée des Gardes-Françaises & Suisses & de Courten, ayant encore sur leur droite Aubeterre & un bataillon du Régiment du Roi, s'approchoit de l'ennemi, où étoit à cinquante pas de distance un régiment des Gardes Anglaises. Celui de Cambel & le Royal Ecossais étoient les premiers, M. de Cambel étoit leur Lieutenant-Général; le Comte d'Albermal, le Général-Major, & M. de Churchil, petit-fils naturel du grand Duc de Malbouroug, leur Brigadier. Les Officiers Anglais saluerent les Français en ôtant leurs chapeaux. Le Comte de Chabanes, le Duc de Biron, qui s'étoient avancés leur rendirent le salut. Mylord Charles Hay, Capitaine aux Gardes Anglaises, cria; *Messieurs des Gardes-Françaises, tirez.*

Le Comte d'Antroche, alors Lieutenant des Grenadiers, & depuis Capitaine, leur dit à voix haute. *Messieurs, nous ne tirons jamais les premiers, tirez vous-même.* Alors le Capitaine dit aux siens en Anglais *faites feu.* Les Anglais firent un feu roulant, c'est-à-dire qu'ils tiroient par divisions, de sorte que le front d'un Bataillon, sur quatre

hommes

hommes de hauteur, ayant tiré, un autre Bataillon faisoit sa décharge & ensuite un troisiéme, tandis que ces premiers rechargeoient. La ligne d'Infanterie Française ne tira point, ainsi elle étoit seule sur quatre de hauteur, les rangs assez éloignés, & n'étant soutenue par aucune autre Troupe d'Infanterie. Il étoit difficile que leur vûe ne fût pas éblouie de la profondeur du Corps Anglais, & leurs oreilles étonnées d'un feu continuel. Dix-neuf Officiers des Gardes tomberent blessés à cette seule décharge. Messieurs de Clisson, de Langey, de la Peyrere, y perdirent la vie. Quatre-vingt-quinze Soldats demeurerent sur la place; deux cens quatre-vingt-cinq y reçurent des blessures: onze Officiers Suisses tomberent blessés, ainsi que deux cens neuf de leurs soldats, parmi lesquels soixante-quatre furent tués. Le Colonel de Courten, son Lieutenant-Colonel, quatre Officiers, soixante & quinze soldats tomberent morts; quatorze Officiers & deux cens soldats blessés dangereusement. Le premier rang ainsi emporté, les trois autres regarderent derriere eux, & ne voyant qu'une Cavalerie à plus de trois cens toises, ils se disperserent. Le Duc

Duc de Grammont leur Colonel & premier Lieutenant Général, qui auroit pû les soutenir, étoit mort ; M. de Luttaux, second Lieutenant Général, n'arriva que dans leur déroute. Les Anglais avançoient à pas lents comme faisant l'exercice : on voyoit les Majors appuyer leurs cannes sur les fusils des soldats, pour les faire tirer bas & droit.

Ils déborderent Fontenoi & la redoute. Ce corps qui auparavant étoit sur trois lignes se pressant par la nature du terrain, devint une colonne longue & épaisse, presque inébranlable par sa masse, & plus encore par son courage. Elle s'avança vers le régiment d'Aubeterre ; M. de Luttaux à la nouvelle de ce danger, accourut de Fontenoi, où il venoit d'être blessé dangereusement. Son Aide de Camp le supplioit de commencer par faire mettre un appareil à sa blessure : *Le service du Roi*, lui répondit M. de Luttaux, *m'est plus cher que la vie.* Il s'avançoit avec M. le Duc de Biron à la tête du régiment d'Aubeterre que conduisoit le Colonel de ce nom ; il reçut en arrivant deux coups mortels : M. de Biron eut un cheval tué sous lui, cent trente soldats d'Aubeterre furent tués, & deux cens

cens blessés à cette charge. Le Duc de Biron arrête alors avec le Régiment du Roi qu'il commandoit, la marche de la colonne par son flanc gauche; le régiment des Gardes Anglaises se détache, avance quelques pas à lui, lui tue trois Capitaines, en jette par terre quinze de blessés & douze Lieutenans, met hors de combat soixante & dix-neuf soldats, & en tue deux cens soixante-six. Le régiment de la Couronne se trouvant placé alors un peu derriere celui du Roi, se présente à la colonne Anglaise; mais son Colonel le Duc d'Havré, le Lieutenant-Colonel, tout l'Etat Major, enfin trente-sept Officiers sont mis hors de combat par leurs blessures, le premier rang de soldats est renversé au nombre de deux cens soixante.

Soissonnois qui s'avança après la Couronne, eut quatorze Officiers de blessés, & perdit cent trente soldats.

Le Régiment Royal qui se trouva alors avec celui de la Couronne, perdit plus qu'aucun autre à ces charges: il eut six Officiers & cent trente-six soldats tués; trente-deux Officiers & cinq cens neuf soldats de blessés.

Les

Les Anglais qui avançoient sur le régiment du Roi, pouvoient prendre Fontenoi à revers, tandis qu'ils le canonnoient d'un autre côté; & la bataille eût été perdue sans ressource. Le Duc de Biron plaça des Grenadiers dans ce chemin creux qui bordoit Fontenoi, reforma son Régiment, fit feu sur eux & les contint. On voyoit le Régiment du Roi, la Couronne, d'Aubeterre retranchés derriere les monceaux de leurs camarades morts ou blessés. Cependant deux bataillons des Gardes des Françaises & Suisses s'écartoient par des chemins différens à travers les lignes de cavalerie qui étoient derriere eux à plus de trois cens toises. Les Officiers qui les railloient rencontrerent M. de Luttaux, premier Lieutenant-Général de l'armée, qui revenoit entre Antoin & Fontenoi: *Ah, Messieurs,* dit-il, *ne me raillez point, je suis blessé & obligé de me retirer.* Il mourut quelque tems après dans des tourmens inexprimables: il dit avant que de se retirer aux soldats du régiment des Gardes qu'il rencontra: *Mes amis, allez vous joindre à ceux de vos camarades qui gardent le pont de Calonne*: d'autres se précipiterent par un petit chemin

chemin creux qui va de Barri à Notre-Dame-aux-Bois ; jusqu'à l'endroit où étoit le Roi, vis-à-vis du bois de Barri, auprès de la justice. Leurs grenadiers & ce qui restoit de deux bataillons se rallierent sous le Comte de Chabanes vers la redoute d'Eu, & y resterent constamment avec M. de la Sonne, qui en forma un seul bataillon & le commanda, parce qu'il se trouvoit, quoique jeune, le plus ancien Capitaine, les autres ayant été blessés ou tués.

La colonne Anglaise gagnoit le terrain, toujours ferme, toujours serrée. Le Maréchal de Saxe qui voyoit de sang froid, combien l'affaire étoit douteuse, fit dire au Roi par le Marquis de Meuze, qu'il le conjuroit de repasser le pont avec le Dauphin, qu'il feroit ce qu'il pourroit pour réparer le désordre. *Oh! je suis bien sûr qu'il fera ce qu'il faudra*, répondit le Roi ; *mais je resterai où je suis.* Ce Monarque envoyoit à tout moment ses Aides-de-Camp de brigades en brigades, & de postes en postes. Chacun d'eux partoit avec deux Pages de l'Ecurie, les renvoyoit au Roi l'un après l'autre, & revenoit ensuite lui-même rendre compte. L'ordre de bataille n'étoit plus alors

alors comme il avoit été au commencement : de la premiere ligne de cavalerie, il n'y en avoit que la moitié. La division du Comte d'Eſtrées étoit près d'Antoin ſous le Duc d'Harcourt, faiſant tête avec ſes Dragons & Crillon aux Hollandois, qu'on avoit craint qu'ils ne pénétraſſent par ce côté, tandis que les Anglais de l'autre commençoient à être victorieux : l'autre moitié de cette premiere ligne, qui étoit naturellement la diviſion du Duc d'Harcourt, reſtoit ſous le Comte d'Eſtrées. Cette ligne courut aux Anglais. M. de Fienne menoit ſon Régiment, M. de Cernay les Croates, le Duc de Filtz-James le Regiment de ſon nom ; mais les efforts de cette cavalerie étoient peu de choſe contre une maſſe d'infanterie ſi réunie, ſi diſciplinée & ſi intrépide, dont le feu toujours roulant & toujours ſoutenu, écartoit néceſſairement de petits corps ſéparés qui ſe préſentoient l'un après l'autre : on ſçait d'ailleurs que la cavalerie ne peut guères entamer ſeule une infanterie ſerrée. Le Maréchal de Saxe étoit au milieu de ce feu ; ſa maladie ne lui laiſſoit pas la force de porter une cuiraſſe, il portoit une eſpece de bouclier fait de plu-

plusieurs doubles de taffetas piqué, qu'il portoit sur l'arçon de sa selle : il jetta son bouclier, & courut faire avancer la seconde ligne de cavalerie contre la colonne. Le Comte de Noailles marche avec sa brigade ; elle étoit composée du régiment de son nom, dont l'aîné de son nom est toujours Colonel, privilege unique aujourd'hui en France, & accordé au premier Maréchal de Noailles, qui leva ce régiment à ses dépens : celui qui appartient au Duc de Penthiévre étoit aussi de cette brigade. Le Comte de Noailles donne avec impétuosité ; le Marquis de Vignacourt, Capitaine dans son Régiment, digne de sa Maison qui a donné trois Grands Maîtres à l'Ordre de Malthe, part avec son escadron par un flanc de la colonne : cet escadron fut détruit au milieu des rangs des ennemis, à la réserve de quatorze cavaliers qui passerent à travers eux avec M. de Vignacourt : un soldat Anglais lui enfonça dans la botte & dans la jambe un coup de bayonnette si violent, qu'il y laisse la bayonnette & le fusil : le cheval blessé de plusieurs coups emporte son maître ; la crosse du fusil traînant à terre, & soulevant la bayonnette, augmentoit & déchiroit la blessure,

ſure, dont il mourut peu de tems après. Des quatorze cavaliers qui avoient pénétré dans la colonne, il en reſta dix qui furent bientôt faits priſonniers, & que les Anglais renvoyerent le lendemain en conſidération de leur bravoure.

Le Comte d'Argenſon, fils du Miniſtre de la Guerre, attaqua avec ſon régiment de Berri, dans le même tems que Fiennes s'avançoit auſſi. Il chargea trois fois à la tête d'un ſeul eſcadron, & ſur une nouvelle fauſſe ſon pere le crut mort : le Comte de Brionne, le Chevalier de Brancas, le Marquis de Chabrillant menoient & rallioient leurs cavaliers ; mais tous les corps étoient repouſſés les uns après les autres. Le Comte de Clermont-Tonnere, Meſtre de camp de la cavalerie, le Comte d'Eſtrées, le Marquis de Croiſſi étoient par-tout : tous les Officiers généraux couroient de brigades en brigades. Le Colonel général, Fiennes, les Croates, furent très-maltraités : Clermont-Prince le fut encore davantage, il eut vingt-deux Officiers bleſſés : les Croates en eurent douze. Tout l'Etat Major étoit en mouvement : M. de Vaudreuil, Major général de l'armée, alloit de la droite à la gauche.

gauche. M. de Puiségur, Messieurs de Saint Sauveur, de Saint Georges, de Mezieres, Aides-Maréchaux des Logis, furent tous blessés. Le Comte de Longaunai, Aide-Major général, y reçut un coup dont il mourut peu de jours après. Ce fut dans ces attaques que le Chevalier d'Apcher Lieutenant-Général, (qu'on prononce d'Aché) eut le pied fracassé. Il vint vers la fin de la bataille rendre compte au Roi, & lui parla long-tems, sans donner le moindre signe des douleurs qu'il ressentoit, jusqu'à ce qu'enfin la violence du mal le força de se retirer.

Plus la colonne Anglaise avançoit, plus elle devenoit profonde, & en état de réparer les pertes continuelles que lui causoient tant d'attaques réitérées ; elle marchoit toujours serrée au travers des morts & des blessés des deux partis, & paroissoit former un seul corps d'environ seize mille hommes, quoiqu'il fût alors en trois divisions.

Un très-grand nombre de cavaliers furent poussés en désordre jusqu'à l'endroit où étoit le Roi avec son Fils : ces deux Princes furent séparés par la foule qui se précipitoit sur eux. Le Roi ne changea pas de visage; il étoit affligé; mais il ne montroit ni colère ni inquiétude; il remarqua environ deux cens cavaliers épars derrière lui vers Notre-Dame-aux-Bois; il dit à un Chevau-Léger: *allez-vous-en de ma part rallier ces gens-là, & les ramenez.* Le Chevau-Léger y courut, & les ramena ensuite aux ennemis. Ce Chevau-Léger s'appelloit *de Jouy*, il ne croyoit pas avoir fait une action distinguée, & le Ministre le fit chercher long-temps pour le récompenser, sans pouvoir le trouver. Pendant ce désordre, les brigades des Gardes-du-Corps qui étoient en réserve, s'avancerent d'elles-même aux ennemis. Les Chevaliers de Suzi & de Saumery y furent blessés à mort: quatre escadrons de la Gendarmerie arrivoient presqu'en ce moment de Douai, & malgré la fatigue d'une marche de sept lieues, ils coururent aux ennemis; tous ces Corps furent reçus comme les autres avec cette même intrépidité, & ce même feu-roulant. Le jeune Comte de Chevrier, Guidon, y fut tué. C'étoit le jour même qu'il avoit été reçu à sa troupe: le Chevalier de Monaco, fils du Duc de Valentinois, y eut la jambe percée. M. du Guesclin

Guesclin reçut une blessure au pied. Les Carabiniers donnerent ; ils eurent six Officiers renversés morts, & vingt-un blessés : toutes ces attaques se faisoient sans aucun concert, & c'est ce qu'on appelle de fausses charges, dans lesquelles toute la bravoure est inutile contre la discipline & l'ordre.

Le Maréchal de Saxe dans le derniere épuisement étoit toujours à cheval, se promenant au pas au milieu du feu : il passa sous le front de la colonne Anglise pour voir tout de ses yeux auprès du bois de Barri vers la gauche. On y faisoit les mêmes manœuvres qu'à la droite. On tâchoit envain d'ébranler cette colonne. Les Régimens se présentoient les uns après les autres, & la masse Anglaise faisant face de tous côtés, plaçant à propos son canon, & tirant toujours par division, nourrissoit ce feu roulant & continu, quand elle étoit attaquée ; & après l'attaque, elle restoit immobile & ne tiroit plus. Le Maréchal vit un regiment Français qui combattoit alors, & dont les rangs entiers tomboient, sans que le corps s'ébranlât, il demanda quelle étoit cette troupe ; on lui dit que c'étoit le régiment

I des

des Vaisseaux, que commandoit M. de Guerchi : *voilà qui est admirable*, s'écria-t-il. Trente-deux Officiers de ce régiment étoient blessés, un tiers des soldats tués, ou hors de combat. Celui de Hainault ne souffroit pas moins : il avoit pour Colonel le fils du Prince de Craon, Gouverneur de Toscane; le père servoit les ennemis, & les enfans servoient le Roi. Ce jeune homme d'une très-grande espérance fut tué à la tête de sa troupe; son Lieutenant-Colonel blessé à mort auprès de lui; dix-neuf Officiers de ce corps blessés dangereusement, deux cens soixante soldats couchés par terre.

Normandie avança, il eut autant d'Officiers & de Soldats hors de combat, que celui de Haynault : il étoit mené par son Lieutenant-Colonel M. de Solenci, dont le Roi loua la bravoure sur le champ de Bataille, & qu'il récompensa ensuite en le faisant Brigadier. Des bataillons Irlandais coururent au flanc de cette colonne. Le Colonel Dillon tombe mort, cinquante-six Officiers furent blessés, & treize tués sur la place.

Le Maréchal de Saxe repasse par le front de la colonne qui s'étoit avancé trois cens pas au-delà de la redoute d'Eu & de Fontenoi. Il

Il va voir ſi Fontenoi tenoit encore, on n'y avoit plus de boulets ; on ne répondoit à ceux des ennemis qu'avec de la poudre.

M. du Brocard, Lieutenant-Général d'Artillerie & pluſieurs Officiers d'Artillerie étoient tués ; il pria alors le Duc d'Harcourt qu'il rencontra, d'aller conjurer le Roi de s'éloigner, & il envoya ordre au Comte de la Marck qui gardoit Antoin, d'en ſortir avec le régiment de Piedmont : la bataille parut perdue ſans reſſource, on ramenoit de tous côtés les canons de campagne, on étoit près de faire partir ceux du village de Fontenoi, quoique des boulets fuſſent arrivés : on faiſoit déja paſſer des équipages. L'intention du Maréchal de Saxe étoit de faire un dernier effort contre la colonne Anglaiſe. Cette maſſe énorme d'infanterie avoit été endommagée, quoique ſa profondeur parût toujours égale : elle-même étoit étonnée de ſe trouver au milieu du champ de bataille des Français, ſans avoir de Cavalerie : la colonne reſtoit immobile, & ſembloit ne recevoir plus d'ordre ; mais elle gardoit une contenance fière, & ſembloit être maîtreſſe du champ de bataille : ſi les Hollandais avoient paſſés entre les redoutes de Bettens,

& étoient venus donner la main aux Anglais, il n'y avoit plus de reſſources, plus de retraite même, ni pour l'armée, ni probablement pour le Roi, & ſon Fils. Le ſuccès d'une derniere attaque étoit incertain. Le Maréchal de Saxe, qui voyoit la victoire, ou l'entiere défaite, dépendre de cette derniere attaque, ſongea à préparer une retraite sûre dans le temps qu'il faiſoit ce qu'il pouvoit pour vaincre : il envoya ordre au Comte de la Marck d'évacuer Antoin, & de venir vers le pont de Calonne pour favoriſer cette retraite, en cas d'un dernier malheur. Cet ordre fut affligeant pour le Comte de la Marck, qui voyoit les Hollandais prêts d'entrer dans Antoin, ſi on l'abandonnoit, & de tourner contre l'armée du Roi ſon propre Canon. Le Maréchal envoya un ſecond ordre par ſon Aide-de-Camp, M. Dailvorde : il fut ſignifié au Comte de Lorges, & on le rendit reſponſable de l'exécution : il fut forcé d'obéir ; on déſeſperoit alors du ſuccès de la journée : les plus grands événemens dépendent des circonſtances les plus légères, d'une mépriſe, d'un coup inattendu.

Ceux

Ceux qui étoient auprès du Roi devoient croire la Bataille perdue, sçachant que l'on n'avoit plus de boulets dans Fontenoi; que la plûpart de ceux qui servoient l'Artillerie étoient tués, qu'on manquoit aussi de boulets au poste de M. de Chambonas, que le village d'Antoin alloit être évacué.

Ceux qui étoient auprès du Duc de Cumberland devoient avoir mauvaise opinion de cette journée, car ils se croyoient toujours exposés au feu croisé de Fontenoi, & de la redoute de Barri. Ils ne sçavoient pas que l'on ne tiroit plus sur eux qu'avec de la poudre: les Hollandois, qui ne pouvoient être instruits de l'ordre d'évacuer Antoin, n'avançoient pas; la Cavalerie Anglaise qui auroit pû achever le désordre que la Colonne Anglaise avoit mis dans la Cavalerie de France, ne paroissoit point; elle n'auroit pû passer qu'auprès de Fontenoi ou de la redoute dont le feu paroissoit toujours égal. On demandera ici pourquoi le Duc de Cumberland n'avoit pas fait d'abord attaquer cette redoute, dont il auroit tourné le canon contre l'armée de France, ce qui auroit assuré la victoire. C'étoit précisément ce qu'il avoit voulu faire. Il avoit dès huit heures du matin ordonné au Brigadier Ingolſby d'entrer dans les bois de Barri avec quatre Régimens pour s'emparer de ce poſte. Le Brigadier avoit obéi; mais voyant de l'Artillerie pointée contre lui & quelques Bataillons couchés ſur le ventre qui l'attendoient, il alla demander du canon. Le Général Cambel lui en promit, mais ce Général fut bleſſé à mort dans le commencement même, d'un coup tiré de la redoute; le canon ne fut pas aſſez-tôt prêt. Ce fut alors que le Duc de Cumberland, ne craignant que de perdre du temps, avoit pris la réſolution de paſſer avec ſon Infanterie, en affrontant le feu de la redoute, & cette entrepriſe qui devoit lui être funeſte, lui avoit juſques-là réuſſi.

On tenoit un conſeil aſſez tumultueux auprès du Roi; on le preſſoit de la part du Général, & au nom de la France, de ne pas s'expoſer davantage. Le Duc de Richelieu, Lieutenant Général, qui ſervoit en qualité d'Aide de Camp du Roi, arriva en ce moment; il venoit de reconnoître la Colonne & Fontenoi; il avoit chargé avec le Régiment des Vaiſſeaux, avec les Gardes du Corps, il avoit fait avancer M. Bellet

avec

avec la Gendarmerie qu'il commandoit, & cette Gendarmerie avoit contenu la Colonne qui alors n'avançoit plus. Ayant ainsi couru & combattu de tous côtés sans être blessé, il se présente hors d'haleine, l'épée à la main & couvert de poussiere. *Eh bien, Resce,* lui dit le Maréchal de Noailles (c'étoit une plaisanterie entr'eux), *quelle nouvelle apportez-vous, & quel est votre avis? Ma nouvelle,* dit le Duc de Richelieu, *est que la Bataille est gagnée, si on le veut; & mon avis est qu'on fasse avancer dans l'instant quatre canons contre le front de la Colonne, pendant que cette Artillerie l'ébranlera, la Maison du Roi & les autres Troupes l'entoureront; il faut tomber sur elle comme sur des fourageurs, & je réponds sur ma tête du gain de la Bataille. Mais,* lui dit-on, *Fontenoi ne tient plus. J'en viens,* répliqua le Duc, *il tient encore! Il faut voir,* répondit-on, *si Monsieur le Maréchal n'a point destiné ces canons à un autre usage. Il n'y en a point d'autre à en faire,* répliqua-t-il. Il étoit persuadé, & il persuada. Ce fut sur-tout le Roi qui se rendit le premier à cet avis important, & tout le monde se rangea à cette opinion. Il ordonna que dans le moment on cherchât

 quatre

quatre pièces de canon. Vingt personnes se détacherent pour y courir; un Capitaine du Régiment de Touraine, nommé Issards, âgé de vingt-un an, apperçut quatre pièces de canons qu'on ramenoit; il en donna avis, & le soir même il eut la croix de S. Louis.

Le Roi chargea le Duc de Péquigni, qu'on appelle aujourd'hui le Duc de Chaulnes, d'aller faire pointer ces quatre pièces: on les destinoit à protéger la retraite. *Il n'y a point de retraite*, dit le Duc de Chaulnes, *le Roi ordonne que ces quatre canons servent à la victoire.* M. de Senneval, Lieutenant d'Artillerie, va les placer vis-à-vis de la Colonne. Le Duc de Richelieu court à bride abattue au nom du Roi faire marcher sa Maison: il annonce cette nouvelle à M. de Montesson qui la commandoit, & qui en fut transporté de joie; il se mit à la tête. Le Prince de Soubise rassemble ses Gendarmes qu'il commande, le Duc de Chaulnes ses Chevaux-Légers; tout se forme & marche. Les quatre Escadrons de la Gendarmerie, avançant à la droite de la Maison du Roi, les Grenadiers à Cheval à la tête, sous M. de Grille leur Capitaine; les Mousquetaires com-

commandés par M. de Jumilhac se précipitent. Le Dauphin couroit déja l'épée à la main pour se mettre à la tête de la Maison, on l'arrêta; on lui dit que sa vie étoit trop précieuse. *Ce n'est pas la mienne qui est précieuse*, dit-il, *c'est celle du Général le jour d'une Bataille.*

Dans ce moment important, le Comte d'Eu & le Duc de Biron à la droite, voyoient avec douleur les Troupes d'Antoin quitter leur poste; le Comte de la Marck qui les conduisoit obéissoit à regret, *je prends sur moi sa désobéissance*, lui dit le Duc de Biron, *je suis sûr que le Roi l'approuvera dans un instant où tout va changer de face; je réponds que Monsieur le Maréchal de Saxe le trouvera bon.* Le Maréchal qui arrivoit dans cet endroit fut du sentiment du Duc de Biron. Le Général informé de la résolution du Roi, & de la bonne volonté des Troupes, n'eut pas de peine à se rendre. Il changea de sentiment lorsqu'il en falloit changer. Il fit rentrer le Régiment de Piedmont dans Antoin; il se porta rapidement malgré sa foiblesse à la droite, à la gauche, vers la Brigade des Irlandais, recommandant à toutes les Troupes qu'il rencontroit en chemin de ne plus faire de fausses charges & d'agir de concert.

Tandis qu'il étoit à la Brigade Irlandaise avec M. de Lowendal & Mylord Clarck, le Duc de Biron, le Comte d'Estrées, le Marquis de Croisi, étoient ensemble à la droite, vis-à-vis le flanc gauche de la colonne sur un terrain un peu élevé; ils apperçurent les Irlandais & Normandie qui avançoient vers son flanc droit. *Voici le temps*, se disoient-ils les uns aux autres, *de marcher de notre côté, les Anglais sont perdus*, M. de Biron se met à la tête de son Régiment du Roi; Aubeterre, & Courten le suivent; tout ce qui se trouve s'avance sous le Comte d'Estrées. Cinq Escadrons de Penthiévre suivent M. de Croisi & ses enfans, des Escadrons de Filtzjames, de Noailles, de Chabrillant, de Brancas, de Brionne, accourent avec leurs Colonels; ils n'avoient reçu d'ordre de personne, & il sembloit qu'il y eût un concert parfait entre leurs mouvemens, & tout ce qu'avoit fait M. de Richelieu. Jamais le Roi ne fut mieux servi que dans ce moment. Ce fut le concert le plus prompt & le plus unanime. Mylord Clarck-Thomond marche avec les Irlandais, le Régi-

Régiment de Normandie, les Gardes-Françaises & un Bataillon Suisse s'avançant plus haut vers la redoute d'Eu. Ces Corps partent tous en même temps. Les Irlandais vers le front de la colonne commandés par Mylord Clarck, les Gardes plus haut, sous M. le Comte de Chabannes leur Lieutenant-Colonel. Un chemin creux les séparoit tous de la colonne Anglaise : ils le franchirent en tirant à bout portant, & coururent sur elle la bayonette au fusil. M. de Bonnafanse, alors premier Capitaine de Normandie, qui depuis sauta le premier dans le chemin couvert de Tournay, fut celui qui pénétra le premier de son Régiment dans la colonne : les Officiers des Gardes-Françaises y étoient déja : les Carabiniers, entre les Irlandais & la Maison du Roi, perçoient alors les premiers rangs ; on les voyoit courir, & se rallier au milieu de l'ennemi, quand la foule & l'impétuosité les avoient écartés. Ils prirent malheureusement, pour des Bataillons Anglais, les Irlandais qui sont vêtus à peu près de même ; ils tomberent sur eux avec furie. Les Irlandais leur crierent *vive France*, mais dans le tumulte on n'entendoit rien ; Il y eut quelques Irlandais tués par méprise.

Les quatre canons que le Duc de Richelieu avoit demandés, & que le Duc de Chaulnes avoit fait pointer à cent pas de la colonne, avoient déja fait deux décharges qui éclairciſſoient les rangs & qui ébranloient la tête du corps Ennemi : toute la Maiſon du Roi s'avançoit vers le front de la colonne & la renverſoit : la Cavalerie la preſſoit par ſon flanc gauche ; le Maréchal de Saxe avoit recommandé dans la Bataille que la Cavalerie touchât les Ennemis avec le poitrail des cheveaux ; il fut bien obéi. M. le Comte d'Eſtrées, le jeune Prince de Brionne, tuerent eux-mêmes du monde dans les premiers rangs : les Officiers de la Chambre chargeoient pêle-mêle avec les Gardes & les Mouſquetaires. Tous les Pages y étoient l'épée à la main, & le Marquis de Treſſan, chef de Brigade des Gardes du Corps, dit au Roi après la Bataille, *Sire, vous nous avez envoyé des Pages que nous avons pris pour autant d'Officiers.*

Le Duc de Biron de ſon côté contenoit alors, avec ſon Régiment du Roi & la Brigade de Crillon, les troupes Hollandaiſes. Il avoit envoyé déja M. de Boiſſeuil, premier Page de la grande Ecurie, dire au Roi que tout alloit bien de ſon côté, & qu'il lui ré ponrépondoit de tout. Le Marquis d'Harcourt, fils du Duc d'Harcourt, courut d'un autre côté annoncer au Roi de la part de son pere que l'ordre étoit rétabli de tous les côtés, & que la victoire étoit sûre.

Le Comte de Castelane arriva dans le moment, dépêché par le Maréchal de Saxe, & apprit au Roy que le champ de Bataille étoit regagné : en sept ou huit minutes, toute la colonne Anglaise fut dissipée, le Général Posombi, le frere du Comte d'Albermarle, cinq Colonels, cinq Capitaines aux Gardes, un nombre prodigieux d'Officiers étoient renversés morts. Les Anglais repasserent le ravin entre Fontenoi & la redoute avec le plus grand désordre : le terrain que la colonne avoit occupé, & le ravin étoient comblés de morts & de blessés.

On est entré dans tout ce détail sur la Bataille de Fontenoi ; son importance le méritoit. Cette action décida du sort de la guerre, prépara la conquête des Pays-Bas, & servit de contre poids à tous les événemens malheureux. La présence du Roi & de son Fils, le danger que ces deux Princes & la France coururent, augmentent encore l'intérêt qu'on prendra long-temps à cette journée.

ADDITION

A l'Hiſtoire de la Guerre de 1741.

AFFAIRE DE GENES, en 1746. & 1747.

LA guerre qui avoit commencé ſur le Danube, & preſque aux portes de Vienne, & qui d'abord avoit ſemblé ne devoir durer que peu de mois, étoit portée après ſix mois ſur les côtes méridionales de France ; & dans le même temps que les Autrichiens & les Piémontois, maîtres de Gênes & de toute la côte, faiſoient leurs diſpoſitions pour entrer en Provence, la Brétagne étoit encore menacée par une flotte Angiaiſe.

Le projet des ennemis, & ſurtout de l'Angleterre étoit alors d'envahir la Provence, de ruiner le port de l'Orient, & avec lui la Compagnie des Indes, de ſe ſaiſir de Port-

Port-Louis, qui feroit tombé après l'Orient, de mettre la Bretagne à contribution, de faire foulever les Calviniftes vers la Rochelle, comme vers le Languedoc & le Dauphiné, & tout cela pendant qu'ils prenoient des mefures pour attaquer tous les établiffemens de la France en Afie & en Amérique, qu'ils comptoient s'emparer de Naples, après avoir mis Gênes fous le joug.

Ces vaftes efpérances n'étoient pas fans fondement; car alors les Autrichiens étoient maîtres en Italie ; & environ ce temps-là les Anglais n'eurent prefque plus d'ennemis fur les mers: les feules campagnes du Roi & du Maréchal de Saxe balançoient tout. Mais le Roi d'Angleterre comptoit bien-tôt pouvoir faire de la Hollande une Puiffance guerriere, en lui faifant accepter fon gendre pour Stathouder; & enfin on follicitoit déja & on marchandoit le fecours d'une armée entière de Ruffes, pour arrêter les progrès du Roi en Flandre.

Dans ces conjonctures la Bretagne n'étoit pas plus en défenfe que la Provence. Un vieil Officier qui commandoit au Port-Louis manda à la Cour. *J'ai apperçu,* dit-il, *le 28 Septembre une flotte qui fe multiplie*

tiplie à l'infini; mais je réſiſterai aiſément, à cette nation Anglicane. Le deux Octobre, il manda: *Ils ſont deſcendus à Polduc avec trois cens cinquante barques plates & cinquante cinq vaiſſeaux de guerre.. Si on avoit des fuſils, on les battroit; mais les payſans n'ont que des fourches.*

On voit par ces lettres à quoi on étoit expoſé, malgré la confiance avec laquelle un vieux Commandant s'exprimoit. En effet, le Général Sinclair, qui commandoit environ ſept mille hommes de troupes de débarquement, prit terre ſans oppoſition à l'entrée de la petite riviere de Polduc: il s'avança à Plémur, & campa ſur une hauteur qui dominoit ſur l'Orient & ſur le Port-Louis. Il ſe paſſa ſix jours avant qu'il canonnât la ville. Si les Anglais perdirent ce temps, les Français ne l'employerent pas mieux, puiſque ceux qui commandoient dans la ville, & qui pouvoient ſe défendre long-temps, ayant de l'artillerie & douze mille hommes des Milices de Bretagne, capitulerent le premier jour de l'attaque, ſur une déclaration du Général Sinclair, qui, ſelon l'uſage établi, ſignifioit qu'il mettroit tout à feu & à ſang ſi on réſiſtoit.

Rien

Rien ne ſçauroit ſurpaſſer, à ce qu'on prétend, les fautes que l'on fit dans cette occaſion, ſi ce n'eſt la conduite du Général Sinclair. Jamais on ne vit combien la deſtinée d'une grande entrepriſe & celle d'une province, dépendent d'une moment, d'un mauvais avis, d'une terreur panique, d'une mépriſe. Les tambours des Miliciens peu inſtruits, battirent le matin la générale. Sinclair demanda à des gens du pays pourquoi on battoit la générale, après la capitulation. On lui répondit qu'on lui avoit tendu un piége en capitulant, & qu'on alloit fondre ſur lui avec douze mille hommes. Pendant cet entretien le vent changeoit, & l'Amiral Leſtoc en avertit par un ſignal : le Général Sinclair craignant d'être attaqué, & de ne pouvoir ſe rembarquer, quitta ſon poſte précipitamment, & retourna à Plémur en déſordre.

Ceux qui avoient fait la capitulation ſortirent cependant de la ville, pour ſe ſoumettre au Général Anglais. Ils ne purent revenir de leur ſurpriſe, quand ils ne trouverent perſonne dans le camp. Les Anglais ſe rembarquerent auſſi mal-à-propos, qu'on étoit venu leur porter les clefs. Honteux de leur mauvaiſe conduite, ils deſcendirent

dirent dans la petite isle de Quiberon ; ce qui étoit une entreprise aussi mal imaginée, que celle du port de l'Orient avoit été mal exécutée: cette isle presque déserte ne les conduisoit à rien. Enfin tout ce grand armement ne produisit que des méprises & du ridicule, dans une guerre où tout le reste n'étoit que trop sérieux & trop terrible.

Il se faisoit alors dans Gênes une revolution plus importante & plus inouie que celle qui venoit d'étoudir la Bretagne.

Les Autrichiens usoient avec rigueur du droit de la victoire, les Genois ayant épuisé leurs ressources, & donné tout l'argent de leur banque de Saint-George, pour payer seize millions, demanderent grace pour les huit autres : mais on leur signifia le trente Novembre 1746. de la part de l'Impératrice-Reine, que non-seulement il les falloit donner, mais qu'il falloit payer encore autant pour l'entretien de neuf regimens répandus dans le Faubourg de St-Pierre des Arènes, de Bisagno, & dans les villages circonvoisins. A la publication de ces ordres, le désespoir saisit tous les habitans ; leur malheur étoit au comble ; leur commerce ruiné, leur crédit perdu, leur banque épuisée,

toutes

toutes les terres ravagées, les belles maiſons de campagne, qui embelliſſoient les dehors de Gênes pillées, les habitans traités en eſclaves par les ſoldats : ils n'avoient plus à perdre que la vie, & il n'y avoit point de Genois, qui ne parût enfin réſolu à la ſacrifier plutôt que de ſouffrir plus long-temps un traitement ſi honteux & ſi rude.

Gênes captive comptoit encore parmi ſes diſgraces la perte du Royaume de Corſe, ſi long-temps ſoulevé contre elle, & dont les mécontens ſeroient, ſans doute, appuyés pour jamais par ſes vainqueurs. La Corſe, qui ſe diſoit opprimée par Gênes comme Gênes par les Autrichiens, jouiſſoit dans ce cahos de révolutions de l'infortune de ſes maîtres. Ce ſurcroit d'afflictions n'étoit que pour le Sénat : en perdant la Corſe, il ne perdoit qu'un fantôme d'autorité, mais le reſte des Genois étoit en proye aux afflictions réelles qu'entraîne la miſere. Quelques Sénateurs fomentoient ſourdement, & avec habileté, les réſolutions deſeſpérées que les habitants ſembloient diſpoſés à prendre. Ils avoient beſoin d'uſer de la plus grande circonſpection ; car il étoit vraiſemblable qu'un ſoulevement téméraire, & mal ſoutenu, ne produiroit que la deſtruction du Senat

Senat & de la Ville. Les Emiſſaires des Sénateurs, ſe contentoient de dire aux plus accrédités du peuple, *Juſqu'à quand attendrez-vous que les Autrichiens viennent vous égorger entre les bras de vos femmes & de vos enfans, pour vous arracher le peu de nourriture qui vous reſte ? Leurs troupes ſont diſperſées hors de l'enceinte de vos murs : il n'y a dans la Ville que ceux qui veillent à la garde des Ports ; vous êtes ici plus de quarante mille hommes capables d'un coup de main ; ne vaut-il pas mieux mourir, que d'être les ſpectateurs des ruines de votre Patrie ?* Mille diſcours pareils animoient le peuple ; mais ils n'oſoient encore remuer, & perſonne n'oſoit arborer l'Etendart de la Liberté.

Les Autrichiens tiroient de l'Arſenal de Gênes des Canons & des Mortiers, pour l'expédition de Provence, & ils faiſoient ſervir les habitans à ce travail. Le peuple murmuroit, mais il obéiſſoit. Un Capitaine Autrichien ayant rudement frappé un habitant, qui ne s'empreſſoit pas aſſez, ce moment fut un ſignal auquel le peuple s'aſſembla, s'émeut & s'arma, en un moment, de tout ce qu'il put trouver, pierres, bâtons, épées, fuſils, inſtrumens de toute eſpéce.

eſpèce. Le peuple qui n'avoit pas eu ſeulement la penſée de défendre ſa Ville, quand les ennemis en étoient encore éloignés, la défendit quand les Autrichiens en étoient les maîtres.

Le Marquis de Botta, qui étoit à St-Pierre des Arènes, crut que cette émeute du peuple ſe ralentiroit d'elle-même, & que la crainte reprendroit bientôt la place de cette fureur paſſagère. Le lendemain il ſe contenta de renforcer les Gardes des Portes, & d'envoyer quelques détachemens dans les ruës: le peuple attroupé en plus grand nombre que la veille, courut au Palais du Doge demander les armes qui ſont dans ce Palais. Le Doge ne répondit rien: les Domeſtiques indiquerent un autre magaſin; on y court, on l'enfonce, on s'arme; une centaine d'Officiers ſe diſtribuent dans la populace, on ſe barricade dans les ruës; & l'ordre qu'on tâche de mettre, autant qu'on le peut, dans ce bouleverſement ſubit & furieux, n'en rallentit point l'ardeur.

Il ſemble que dans cette journée, & dans les ſuivantes, la conſternation, qui avoit ſi long-temps altéré l'eſprit des Genois, eût paſſé dans les Allemans. Le Marquis de Botta,

Botta, qui étoit dans St-Pierre des Arènes, avec quelques regimens, ne tenta pas de combattre le peuple avec ses troupes régulieres ; il laissa les soulevés se rendre maîtres de la porte de St Thomas & de la porte St Michel. Le Sénat, qui ne sçavoit encore si le peuple soutiendroit ce qu'il avoit si bien commencé, envoya une Députation au Général Autrichien dans St Pierre des Arènes. Le Marquis de Botta négocia, alors qu'il falloit combattre. Il dit aux Sénateurs, qu'ils armassent les troupes Genoises, qu'il avoit laissé désarmées dans la Ville, & qu'ils se joignissent aux Autrichiens pour tomber sur les rebelles au signal qu'il feroit. Quelques Sénateurs, dévoués à l'ennemi, promirent d'exécuter ce qu'il ordonnoit : mais on ne devoit pas s'attendre que le Sénat de Gênes se joignît aux oppresseurs de la Patrie, pour achever sa perte.

Les Allemans comptant sur les intelligences qu'ils avoient dans la ville, s'avancerent à la porte de Bisagno, par le Faubourg qui porte ce nom : mais ils y furent reçus par des Salves de Canon & de Mousqueterie. Le Peuple de Gênes composoit une armée. On battoit la caisse dans la ville au nom du Peuple,

Peuple, & on ordonnoit ſous peine de la vie à tous les citoyens de ſortir en armes hors de leurs maiſons, & de ſe ranger ſous les Drapeaux de leurs quartiers. Les Allemans furent attaqués, à la fois, dans le Faubourg de Biſagno & dans celui de St. Pierre des Arènes. Le Tocſin ſonnoit, en même temps, dans tous les Villages des Vallées : les Païſans s'aſſemblerent au nombre de vingt mille. Un Prince Doria, à la tête du Peuple, attaque le Marquis de Botta dans St. Pierre des Arènes ; le Général & ſes neuf régimens s'enfuirent de tous côtés. Ils laiſſerent quatre mille priſonniers, & près de mille morts, tous leurs magaſins, tous leurs équipages, & ſe retirerent en déſordre au poſte de la Boccheta, pourſuivis ſans ceſſe par des Païſans, & forcés enfin d'abandonner ce poſte, & de fuir juſqu'à Gavi. C'eſt ainſi que les Autrichiens perdirent Gênes, pour avoir trop mépriſé & accablé le Peuple, & pour avoir eu la ſimplicité de croire que le Sénat ſe joindroit à eux contre les habitans qui défendoient ce même Sénat. L'Europe vit avec ſurpriſe qu'un Peuple foible, nourri loin des armes, & que ni ſon enceinte de rochers,

 ni

ni les Rois de France, d'Espagne, de Naples n'avoient pû sauver du joug des Autrichiens, l'eût brisé sans secours & eût chassé ses vainqueurs.

Il y eut dans ce tumulte beaucoup de brigandages ; le Peuple pilla plusieurs maisons appartenantes aux Sénateurs soupçonnés de favoriser les Autrichiens ; mais ce qui fut plus étonnant dans cette révolution, c'est que ce même Peuple, qui avoit quatre mille de ses vainqueurs dans ses prisons, & qui avoit chassé le reste, ne tourna point ses forces contre ses maîtres : ils avoient des chefs, mais ils étoient indiqués par le Sénat ; & parmi eux il ne s'en trouva pas d'assez considérables pour usurper longtems l'autorité. Le Peuple choisit trente-six citoyens pour le gouverner ; mais il y ajouta quatre Sénateurs, Grimaldi, Scaglia, Lomelini, Fornari ; & ces quatre Nobles rendoient compte au Sénat, qui paroissoit ne se plus mêler du gouvernement, mais il gouvernoit en effet ; il faisoit désavouer à Vienne la révolution qu'il fomentoit à Gênes, & dont il redoutoit la plus terrible vengeance. Son Ministre dans cette Cour déclara que la Noblesse Gênoise n'avoit aucune

aucune part à ce changement : qu'on appelloit révolte. Le Conseil de Vienne agissant encore en maître, & croyant être bientôt en état de reprendre Gênes, lui signifia que le Sénat eût à faire payer incessamment les huit millions restans de la somme à laquelle on l'avoit condamné, à en donner trente pour les dommages causés à ses troupes, à rendre tous les prisonniers, à faire justice des séditieux. Ces loix qu'un maître irrité auroit pû donner à des sujets rebelles & impuissans, ne firent qu'affermir les Gênois dans la résolution de se défendre, & dans l'espérance de repousser de leur territoire ceux qu'ils avoient chassés de la capitale. Quatre mille Autrichiens dans les prisons de Gênes étoient encore des ôtages qui les rassuroient.

C'est d'ordinaire dans ces tems de calamité & de désespoir que l'esprit de patriotisme & la grandeur de courage semblent se déployer avec plus de force ; soit que ces vertus brillent davantage dans la désolation commune, soit qu'en effet l'amour de la patrie opprimée ranime la vigueur de l'ame, & éléve l'homme audessus de lui-même. On en vit un grand exemple dans Augustin

 Adorno.

Adorno. Ce brave républicain commandoit avant la révolution de Gênes dans la ville de Savone, qui est du territoire de la République. Il étoit assiégé par le Roi de Sardaigne : le Sénat qui s'étoit rendu, lui ordonna de se rendre. Il répondit qu'il ne reconnoissoit d'ordres que d'un Sénat libre, & tint assez long-tems pour qu'on pût venir à son secours ; mais ces secours ne purent venir : le Peuple de Gênes victorieux dans ses foyers, n'étoit point assez agguerri pour aller combattre en raze-campagne ; & la France obligée de défendre la Provence, ne pouvoit rien alors dans les Alpes ; ainsi la valeur d'Augustin Adorno ne servit qu'à

26. Décembre. le faire prisonnier de guerre, dans le tems même que Gênes venoit d'être délivrée ; mais elle lui mérita les louanges de sa patrie & celles du Roi de Sardaigne auquel il se rendit.

Cette révolution de Gênes fut favorable pour la Provence. Les Autrichiens, qui occupoient déja le tiers de ce pays, ne recevoient plus de vivres & de munitions par la voie de Gênes, comme dans les commencemens : cependant ils s'étoient avancés jusqu'à la riviere d'Argens, dans le dessein de de tomber sur Toulon & sur Marseille, à la faveur des flottes Anglaises.

Ils prirent d'abord les Isles de Sainte Marguerite & de Saint Honorat, où il n'y avoit que des Invalides pour garnison. 16. Décembre.

C'étoit dans ces Isles qu'on gardoit plusieurs prisonniers d'Etat : ils espéroient que les Anglois leur procureroient leur liberté ; mais le Commandant capitula si vîte, qu'on lui permit d'emmener ses prisonniers avec les autres effets du Roi & sa petite garnison. Il est étrange que plusieurs Journaux publics ayent rapporté que ce Commandant étoit le Marquis de Dreux, Lieutenant Général & Grand Maître des cérémonies. La méprise vient de ce que le Marquis de Dreux est Seigneur de ces Isles. Le Commandant étoit un vieil Officier, qui fut mis au Conseil de guerre, & condamné à la prison, pour s'être rendu avec tant de précipitation.

Après la prise de ces Isles, les ennemis commencerent le siége d'Antibes. Il n'étoit pas aisé d'arrêter les progrès d'une armée qui avoit soixante & onze bataillons, huit mille hommes de troupes irrégulieres,

& huit mille chevaux. Le Maréchal de Bellisle fut chargé de cette entreprise.

Il ne fut d'abord que le témoin de l'état déplorable, & du découragement où étoit la provence & les troupes : il ne put empêcher ni le passage du Var, ni protéger le pays dont les Autrichiens s'emparoient : ils attendoient trente bataillons & seize escadrons, du canon, des vivres, des munitions. Les côtes n'étoient défendues que par des Miliciens effrayés. Les troupes sans discipline s'arrachoient le foin & la paille, les mulets des vivres mouroient faute de nourriture : les ennemis avoient tout rançonné & tout dévasté du Var à la rivière d'Argens & de la Durance. Leurs Généraux avoient abandonné Vence & Grasse au pillage pendant six heures, parce que ces villes n'avoient point payé assez tôt leurs contributions.

L'Infant Dom Philippe & le Duc de Modène étoient dans la ville d'Aix en Provence, où ils attendoient les efforts que feroient la France & l'Espagne pour sortir de cette situation cruelle. Les ressources étoient encore éloignées, les dangers & les besoins pressoient : le Maréchal de Bellisle com-

commença par emprunter en fon nom cinquante mille écus, pour fubvenir aux plus preffans befoins. Il fut obligé de faire les fonctions d'Intendant & de Munitionnaire. Enfuite, à mefure que les fecours venoient, il prenoit des poftes, où il arrêtoit les Autrichiens. D'un côté il couvrit Caftellane fur le Verdon, lorfque les Autrichiens alloient s'en rendre maîtres ; de l'autre il couvroit Draguignan & Brignoles.

Enfin au commencement de Janvier 1747. fe trouvant fort de 60 Bataillons & de 22 Efcadrons, & fecondé du Marquis de la Mina, qui lui fournit quatre à cinq mille Efpagnols, il fe trouva en état d'attaquer l'ennemi. Le Comte de Bronon qui commandoit les Autrichiens, & le Marquis Dormea qui étoit à la tête du corps des Piémontois, étoient beaucoup plus forts que lui ; mais ils éprouvoient plus de difficultés pour les fubfiftances que le Maréchal n'en avoit d'abord effuyées. C'eft là un point effentiel, & ce qui rend la plûpart des invafions infructueufes. Leur premiere déroute commença par un pofte auprès de Caftellane, dont un Capitaine de Lyonois, nommé Daufienet, les chaffa l'épée à la main. 7. Janvier 1747.

Ils tenoient, depuis Senez jusqu'à S. Tropes, l'espace de quarante lieues. Un corps considérable fut battu & chassé de Castellane par le Comte de Maulévrier & par le Marquis de Taubin Espagnol. On chassa un autre corps, auquel on fit repasser la riviere d'Argens. Le Maréchal de Bellisle, par son esprit de conciliation, engageoit les troupes Espagnoles à le seconder par-tout. Le Marquis de Lamina entra dans toutes ses vûes, & ce parfait concert ne servit pas peu au succès : les Ennemis furent poursuivis de poste en poste & toujours avec perte. Enfin le Maréchal de Bellisle leur fit repasser le Var, & mit la Provence en sûreté.

Le 21. Janvier 1747.

Il ne restoit guères au Roi de France d'entreprise difficile à exécuter, que celle de secourir Gênes. Il fut occupé durant toute cette guerre à protéger des Alliés ; d'abord l'Empereur Charles VII. ensuite le Prince d'Espagne Dom Philippe, puis le Prétendant à la Couronne d'Angleterre, & enfin les Genois ; & dans tout le cours de la guerre, il arriva que les succès faisoient naître des dangers.

Le 24. Janvier.

Le

Le Maréchal de Bellisle venoit de chasser de la Provence les Autrichiens & les Piémontois : mais il étoit fort à craindre que ces mêmes Ennemis, assez forts pour garder les passages des Alpes, ne le fussent assez pour retomber sur Gênes, & ensuite sur Naples. Gênes délivrée dans son enceinte étoit toujours bloquée par mer & par terre. Le Comte de Schullembourg remplaçant le Marquis de Botta menaçoit continuellement la premiere enceinte. L'Amiral Medley empêchoit autant qu'il le pouvoit, que les secours n'entrassent dans le Port. Le Roi de France ne cessa de leur en envoyer. D'abord le Maréchal de Bellisle leur fit tenir vint mille Louis d'or par huit Officiers, qui eurent chacun une partie de cette somme. Il leur donna à tous l'ordre de jetter l'argent dans la mer, en cas qu'ils ne pussent échapper heureusement. Les huit Officiers arriverent avec l'argent, des provisions, des Soldats, & sur-tout avec de grandes promesses. Les Genois encouragés résisterent à toutes les attaques des Autrichiens, aussi-bien qu'aux propositions de la Cour de Vienne ; car cette Cour avoit encore la confiance de négocier avec ceux

 qu'un

qu'un traitement ſi dur & une révolution ſi belle ſembloient devoir rendre irréconciliables; elle leur demandoit de l'argent qu'ils n'avoient pas, & le Roi de France leur en donna.

C'étoit peu d'avoir forcé les Autrichiens & les Piémontois à repaſſer le Var; il falloit le paſſer après eux, les pouſſer hors des montagnes, rentrer dans l'Italie; mais ſurtout ſecourir promptement Gênes. On ne pouvoit y porter des ſecours que par mer; & il falloit les dérober à la Flotte Anglaiſe, qui croiſoit ſans ceſſe ſur ces côtes. Il n'y avoit alors à Toulon que huit Vaiſſeaux déſarmés, trois Frégates & deux Barques; on n'avoit pû armer que ſix Galères, faute de Chiourne & de Matelots: cependant les Autrichiens, aidés des Piémontois, ménaçoient Gênes de rentrer dans ſes murs. Le Comte de Schullembourg, neveu du Général de Véniſe avoit par le moyen de cette République renforcé ſon armée de Soldats Albanois: ce ſont les anciens Epirotes, qui paſſent encore pour être auſſi bons guerriers que leurs ancêtres. Il avoit repaſſé la Boccheta: il reſſerroit Gênes d'aſſez près; la campagne à droite & à gauche étoit livrée à la fureur des troupes

troupes irrégulieres, au ſaccagement & à la dévaſtation. Gênes étoit conſternée, & cette conſternation même y produiſoit des intelligences avec ſes oppreſſeurs ; & pour comble de malheur, il y avoit une grande diviſion entre le Sénat & le Peuple. La ville avoit des vivres, mais il n'y avoit plus d'argent ; & il falloit dépenſer dix-huit mille florins par jour pour entretenir les Milices qui combattoient dans la campagne, ou qui gardoient la ville. La République n'avoit, ni aucunes troupes régulieres agguerries, ni aucun Officier expérimenté : aucun ſecours n'y pouvoit arriver que par mer, & encore au haſard d'être pris par la Flotte Anglaiſe, comme ceux qu'on avoit envoyés au Prince Edouard. On attendoit ces ſecours de la France & de l'Eſpagne ; s'ils tardoient, tout étoit perdu.

Le Roi de France avoit déja fait tenir au Sénat un million. Les Galères & de Toulon & de Marſeille partent chargées d'environ ſix mille hommes. On relâche en Corſe & à Monaco, à cauſe d'une tempête, & ſur-tout à cauſe de la Flotte Anglaiſe. Un patron étranger d'une barque de ce convoi, prend ce temps pour faire une trahiſon. Il avertit l'Amiral Anglais, qui vint tomber ſur ce ſecours ; mais on ne perdit que ſix bâtimens, qui portoient environ mille Soldats. Enfin le premier ſecours entra dans Gênes au nombre d'environ quatre mille cinq cent Français, qui firent renaître l'eſpérance.

Dernier Avril.

Bientôt après le Duc de Boufflers arrive & vient commander les troupes qui défendent Gênes, & dont le nombre augmente de jour en jour : il fallut que ce Général paſſât auſſi dans une Barque, & trompât la Flotte de l'Amiral Medley. Si les Anglais avoient eu autant de ſoin, & autant d'art que de grandeur dans leur entrepriſe, ils auroient eu des Barques armées, qui auroient faits ce que leurs Vaiſſeaux ne pouvoient faire, & qui auroient rendu les ſecours bien difficiles. Des détachemens Français, Eſpagnols & Suiſſes arrivoient à Gênes, les uns après les autres, des côtes de France ; des proviſions venoient des côtes d'Italie, & les Anglais n'étoient que ſpectateurs.

Le Duc de Boufflers ſe trouvoit ainſi à la tête d'environ huit mille hommes de troupes régulieres, dans une ville bloquée, qui s'attendoit à être bientôt aſſiégée. Il y avoit

peu

peu d'ordre, peu de provisions, point de poudre ; les Chefs du peuple étoient peu soumis au Sénat. Les Autrichiens y conservoient toujours quelques intelligences. Le Duc de Boufflers eut d'abord autant d'embarras avec ceux qu'il venoit défendre, qu'avec ceux qu'il venoit combattre. Il mit l'ordre par-tout : des provisions de toute espèce aborderent en sûreté, moyennant une retribution qu'on donnoit en secret à des Capitaines des Vaisseaux Anglais, tant l'intérêt particulier sert toujours à faire ou procurer les malheurs publics.

Des Autrichiens avoient quelques Moines dans leur parti : on leur opposa les mêmes armes avec plus de forces : on engagea les Confesseurs à refuser l'absolution à quiconque balançoit entre la Patrie & les ennemis. Un Hermite se mit à la tête des Milices qu'il encourageoit par son entousiasme, en leur parlant, & par son exemple en combattant, il fut tué dans un de ces petits combats qui se donnoient tous les jours, & mourut en exhortant les Gênois à se défendre. Les Dames Genoises engagerent leurs pierreries pour subvenir aux frais des ouvrages nécessaires.

Mais

Mais le plus puiſſant de ces encouragemens fut la valeur des troupes Françaiſes, que le Duc de Boufflers employoit ſouvent à attaquer les ennemis dans leurs poſtes au-delà de la double enceinte de Gênes. Il y en avoit pluſieurs autres dont la poſſeſſion eût mis l'ennemi à portée de faire aiſément le ſiége. Un entr'autres ſur la côte de Ri-
21. Mai 1747. varola, dont les Autrichiens & les Piémontais s'emparerent aſſez près de la montagne des deux frères, & dont il fallut les chaſſer. Cette action conduite avec autant de ſageſſe que de vigueur, ranima toutes les eſpérances. Le Comte de Lanion, s'y diſtingua de même
13 Juin. que le Chevalier de Chauvelin, qui fut bleſſé dans ce combat. On y perdit le Colonel la Faye, fils du Capitaine aux Gardes très-connu dans Paris ; ce jeune Officier avoit hérité de ſon père un extrême courage avec une grande application aux ſciences, & il tenoit de ſon oncle un talent de réuſſir dans ce que la littérature a de plus agréable. Je connoiſſois tout ſon mérite & je ne puis trop regretter ſa perte.

On réuſſit preſque dans tous ces petits combats dont le détail attiroit alors l'attention, & qui ſe perdent enſuite parmi des évé-

nemens

nemens innombrables; mais ce qui ſauva Gênes, & ce qui déconcerta toutes les meſures des Autrichiens en Italie, ce fut le progrès que faiſoit le Maréchal de Belliſle: il avoit fait lever le ſiége d'Antibes; il avoit fait reprendre par ſon frère les iſles de Sainte Marguerite, à la vûe de la flotte Anglaiſe: il étoit maître de Nice, de Villefranche, de Vintimille: le Roi de Sardaigne étoit obligé de rappeller ſes troupes pour défendre ſes états: les Autrichiens, forcés de faire face aux armées Françaiſes, ne pouvoient aſſiéger Gênes dans les formes, en le laiſſant avancer: la Cour de Vienne ordonna enfin qu'on levât le blocus.

Le Duc de Boufflers ne jouit point de ce bonheur & de cette gloire. Il mourut de la petite verole, le jour même que les ennemis ſe retiroient. Il étoit fils du Maréchal de Boufflers, Général très-eſtimé ſous Louis XIV. homme vertueux, bon citoyen: le fils avoit les qualités de ſon père.

FIN.

www.ingramcontent.com/pod-product-compliance
Ingram Content Group UK Ltd.
Pitfield, Milton Keynes, MK11 3LW, UK
UKHW020336230726
13925UKWH00002B/816